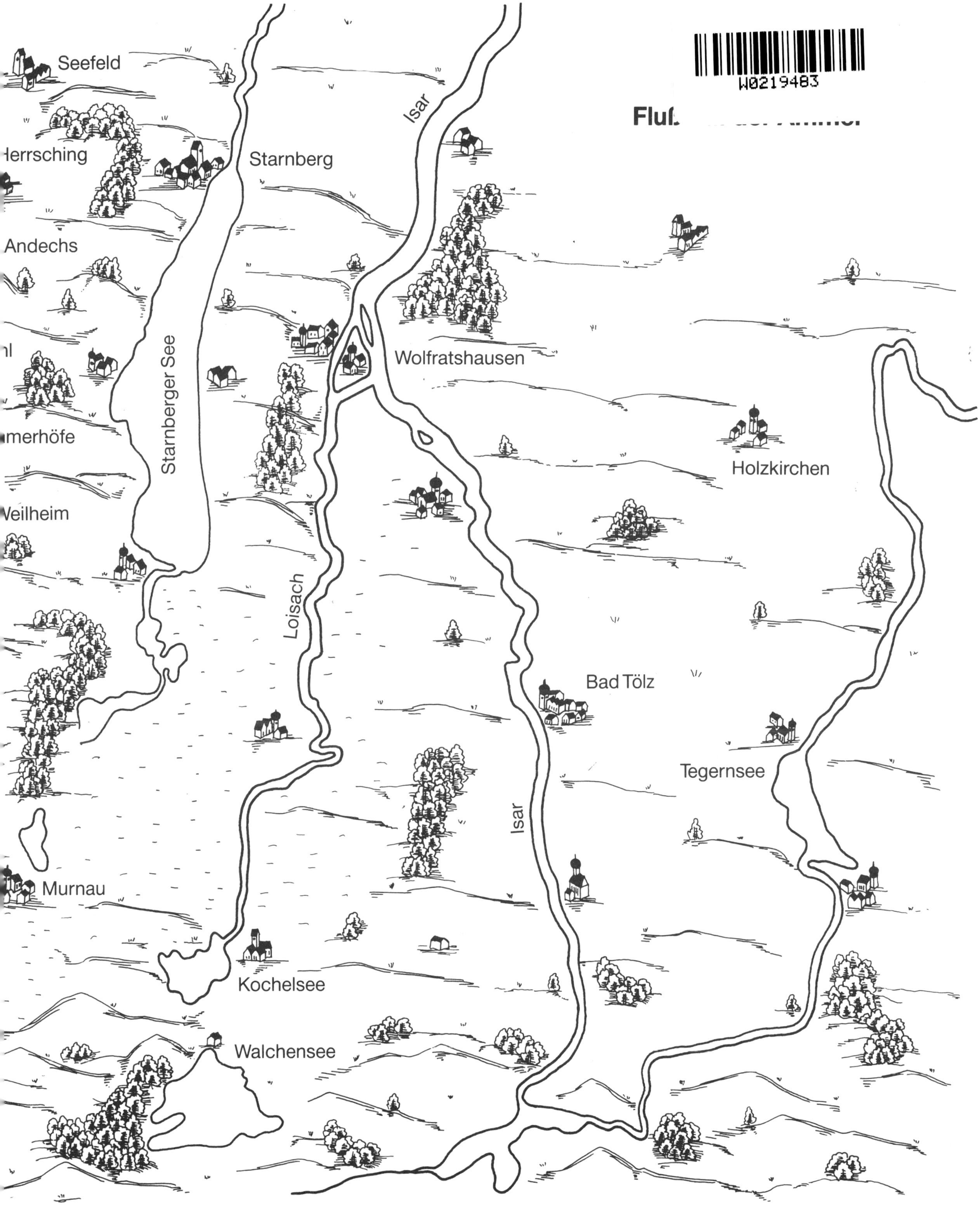
Fluß
Seefeld
Herrsching
Starnberg
Isar
Andechs
Starnberger See
Wolfratshausen
merhöfe
Holzkirchen
Weilheim
Loisach
Bad Tölz
Tegernsee
Isar
Murnau
Kochelsee
Walchensee

Norbert Göttler

An Ammer und Amper

Norbert Göttler

An Ammer und Amper

Eine kulturhistorische Wanderung

Verlagsanstalt »Bayerland« Dachau

Bildnachweis

Bayerische Verwaltung der staatlichen Schlösser, Gärten und Seen, München: S. 75

Klaus Kiermeier, Berg: S. 65, 66 o. l., 66 o. M., 66 o. r., 68, 69 u., 70 o., 70 u.

Donatus Moosauer, Osterhofen: S. 10, 16, 34, 36, 40, 54, 61, 74, 89, 92 u., 103, 110, 111, 112

Peter Riester, Dachau: S. 78

Foto Sessner, Dachau: S. 87

Martin Siepmann, Geretsried: S. 7, 8, 11, 13 l., 13 r., 14 o. l., 14 o. r., 14 u. l., 14 u. r., 15, 22 o. l., 22 o. r., 22 u. l., 22 u. r., 23 o., 23 u., 24, 25, 26 l., 26 r., 27 l., 27 r., 28, 29, 30, 31, 32 o., 32 u., 33, 35, 42, 43, 44 o., 46, 47, 49, 57 o., 57 u., 59, 62, 63 o., 63 u. l., 63 u. r., 64, 66 u., 71, 82, 91, 92 o., 93, 94, 95 o., 95 u., 98, 100, 102, 104, 105

Jochen Steinhardt, Dachau: S. 12, 38 o., 38 u., 39, 99

Helmut Thon, Dachau: S. 17, 18, 19, 21, 37, 41, 44 u., 45, 51, 53, 55, 56 o., 56 u., 69 o., 72, 79, 80, 81, 84, 85, 97, 107, 108

Vorsatz: Christine Valk, München

Umschlag
Hintergrund: Amperaustritt aus dem Ammersee
Vordergrund von links nach rechts: Schleierfälle an der Ammer, Bootshäusl bei Stegen am Ammersee, Kirchenschiff von Kloster Fürstenfeld, Bergkirchen

Verzeichnis der zitierten Quellen

Josef von Hazzi: Statistische Aufschlüsse über das Herzogtum Baiern. Nürnberg 1803.

Heinrich von Loé: In den Voralpen. München 1865.

Adrian von Riedl: Strom-Atlas von Baiern. München 1806.

Carl Thiemann: Erinnerungen eines Dachauer Malers. Beiträge zur Geschichte Dachaus als Künstlerort. Dachau 1966.

Lorenz von Westenrieder: Beyträge zur vaterländischen Historie, Geographie, Staatistik und Landwirtschaft, sammt einer Übersicht der schönen Literatur. München 1792.

Michael Wening und Matthäus Merian, zitiert nach August Alkens: Landkreis Freising. Freising 1962.

Heinrich von Selbitz, Josef Hofmiller, Roswin Finkenzeller, Karl Stieler, zitiert nach Rudolf Hikola: München und Oberbayern – Leben, Kunst, Landschaft. München 1967.

Verlag und Gesamtherstellung:
Druckerei und Verlagsanstalt »Bayerland« GmbH
85221 Dachau
Konrad-Adenauer-Straße 19

3. Auflage 2004
Printed in Germany · ISBN 3-89251-060-1

Inhalt

Im Grenzgebiet zwischen Bayern und Österreich wird der Fluß geboren

Im Gebiet der kleinen Ammerquellen

Vom Ammergau zum Pfaffenwinkel

Geburtsstunde eines Flusses

Unter einem schattigen, von saftig-grünen Matten umgebenen Felsvorsprung beginnt munter dahinplätschernd ein winziger, glasklarer Wasserlauf seinen Weg in die Welt und ans Licht! Vor diesem Rinnsal zu stehen, gerührt zu sagen: »Ja, das ist sie, die stets sich erneuernde Geburtsstunde jenes Flusses, den wir über fast hundertachtzig Kilometer begleiten wollen bis zu seinem fernen Ziel!« – wäre das nicht ein erhebender Auftakt unseres kleinen Flußporträts? Aber leider, ein solches Beginnen ist uns nicht vergönnt. Wie so viele andere Wasserläufe, so kann auch die Ammer nicht auf einen einzigen Ursprung zurückgeführt werden, sondern hat viele namenlose Quellen. Irgendwo im bayerisch-österreichischen Grenzgebiet, an den steilen Abhängen der Geierköpfe, der Kreuzspitze, des Kuchelbergkopfes und wie sie alle heißen mögen, nehmen jene Gräben und Bäche ihren Anfang, die sich – nach Regenfällen stark anschwellend – im Ammergauer Graswangtal bei Linderhof zu einem schon stattlichen Flüßchen vereinigen. Eine prächtige Kulisse für diese Geburtsstunde bietet das Ammergebirge, mit seinen dreißigtausend Hektar schon seit 1936 das größte deutsche Naturschutzgebiet. Aber aller Anfang ist mühsam, bei normalem Wasserstand versickert das Wasser der Ammerzuläufe schon bald wieder im Schutt, ehe es einige Kilometer talabwärts, am Nordhang der Notkarspitze endgültig wieder zu Tage tritt. Große und Kleine Ammerquelle hat man dieses Gebiet zwischen Graswang und Ettal genannt und so wollen auch wir das eiszeitlich geprägte Weidmoos als Geburtsstätte der Ammer gelten lassen.

»Die Ammer soll oben im Ammerwald entspringen? Wo? Ach ihr Stubengelehrten: Ihr redet vom Ursprung der Alpenströme und zeigt mir auf eurer Karte, da und dort kommen sie heraus. Kommt herein in ein meilenlanges Hochthal, da fließen von allen Wänden die quirlenden, milchweißen Achen . . . Das geschieht nicht auf einmal an einem Punkte. Auf der langen Strecke begegnen sich unzählige Wasser, dieses nimmt jenes auf, fließt dann wieder in ein anderes, vereinigt sich mit einem vierten und erst in der Entfernung mehrerer Stunden siehst du den größeren Bach. Wo also ist sein Ursprung?«

Der bayerische Reiseschriftsteller und Naturforscher Dr. Heinrich von Noe schrieb 1865 diese Zeilen in seinem Büchlein »In den Voralpen« nieder. Die Methode, Landschaften und Kulturregionen anhand seiner Wasserläufe zu erobern, war ein beliebtes Kind des 19. Jahrhunderts. Natürlich waren es auch damals schon die großen, schiffbaren Flüsse, die die Reiseschriftsteller anlockten. Ammer und Amper erreichten in dieser Beziehung nie die Bedeutung von Donau und Inn, von Lech und Isar. Und trotzdem schenkte man auch ihnen immer Beachtung. Der eben zitierte Heinrich von Noe, der ein abenteuerliches Leben lang zu Fuß die Alpenregion durchstreifte, mag als ein geistiger Vorfahre unserer kulturgeschichtlichen Ammer-Amper-Begehung herhalten.

Aber auch der Geistliche Rat Lorenz von Westenrieder (»Beyträge zur vaterländischen Historie . . . «, 1792), Josef von Hazzi (»Statistische Aufschlüsse über das Herzogtum Baiern«, 1803) und Adrian von Riedl (»Strom-Atlas von Baiern«, 1806) folgten beobachtend und schreibend dem Lauf von Ammer und Amper und gingen uns damit schon ein gutes Stück Wegs voraus.

Apropos Ammer – der Name unserer Titelheldin ist sicherlich viele tausend Jahre alt und wurde wie die meisten unserer Flußnamen schon von den Kelten verwendet. Die indogermanische Wurzel »ab« bedeutet nichts anderes als »Wasser, Wasserlauf« und in dieser Bedeutung findet sie sich auch im Griechischen (»ombros«) und im Lateinischen (»amnis«) wieder. Die Römer, die insbesondere das Ampertal als fruchtbares Siedlungsgebiet schätzten, nannten unseren Fluß übrigens »Ambris« und den Ammersee »Ambrolacus«.

Flußimpressionen im Naturschutzgebiet Ammergebirge

Linderhof – ein königliches Geburtstagsgeschenk

Noch kann die Ammer gar nicht bei ihrem Namen genannt werden, da ist ihr mit dem Schloß Linderhof schon ein königliches Geburtsgeschenk ans sumpfige Ufer gestellt worden. Das Lieblingsschloß Ludwigs II. – das einzige im übrigen, das er selbst längere Zeit bewohnte – liegt auf fast tausend Metern Höhe im hinteren Graswangtal. 1879 wurde es nach fünfjähriger Bauzeit fertiggestellt, als Vorbild diente das Schloß Trianon im Park von Versailles. Zwar bleibt Linderhof demgegenüber architektonisch doch zurück, aber seine Parkanlagen zeigen ein Meisterstück barocker Gartenbaukunst. Unversehens geht der zunächst streng und kunstvoll gepflegte Rokokogarten mit Brunnen, Kaskaden und Figuren über in die freie Natur an den Abhängen des Pürschlings.

»Oh, es ist notwendig, sich solche Paradiese zu schaffen, solche poetischen Zufluchtsorte, wo man auf einige Zeit die schauderhafte Zeit, in der wir leben, vergessen kann . . . «, notierte Ludwig II. in sein Tagebuch. Die Vorliebe für das Graswangtal hatte bei den Wittelsbachern übrigens Tradition. Schon Max II., der Vater des Märchenkönigs, hatte hier ein Jagdhaus bauen lassen, das er so oft als möglich besuchte.

Unter den späteren Gästen rief der Anblick des Schlosses Linderhof indes nicht immer nur Entzücken hervor. So schreibt Henrich von Selbitz im Jahr 1912:

»Mich machte die Pracht des kleinen Schlosses traurig, tief traurig! Enttäuscht, vollkommen enttäuscht war ich von der blauen Grotte. Diese blechernen Felswände, dieser Theaterflimmer, Blumen und Ranken von Papier-Bühnenherrlichkeit, hohler Schein, Täuschung, leerer Prunk! Hier weilte der König oft ganz allein! Ach, wer allein sein will, ist bald allein!«

Wie man es wenden will, soll dem Urteil des kritischen Beobachters selbst überlassen bleiben. Eines indes ist gewiß: zur Einsiedelei würde Linderhof heute nicht mehr taugen, es ist zu einer touristischen Attraktion ersten Ranges geworden, die alljährlich von fast einer Million Gästen aus aller Welt besucht wird.

Blick vom Graswangtal Richtung Westen

Schloß Linderhof von der Rückseite her gesehen

Ettal – das »Tal des Versprechens«

Nur wenige Kilometer entfernt liegt das viel ältere, viel bodenständigere, geistliche Pendent zum höfischen Linderhof, das Benediktinerkloster Ettal. Mit welcher Selbstverständlichkeit und Gelassenheit ruht es inmitten der hochaufragenden Ammergauer Berge! Wie schwer wäre es heute, einen Gebäudekomplex dieser Größenordnung in die freie Natur zu stellen, ohne sie nachhaltig zu zerstören! In Ettal gehen Natur und Kultur, Bergwelt und Architektur eine harmonische Symbiose ein, wird eines durch das andere geschmückt und erhöht. Wollte man sprachlich spitzfindig sein, so müßte man den Ort »Ehe-Tal« oder althochdeutsch »é-tal« nennen, denn das ist die Bedeutung seines Namens. Die Legende berichtet, daß Kaiser Ludwig der Bayer auf seinem Italienzug 1327 in arge Bedrängnis gekommen war. Ein Engel in Mönchsgewand sei ihm daraufhin erschienen, habe Hilfe versprochen für den Fall, daß er »auf dem Ampferang« ein Kloster stifte. Der solchermaßen Gemahnte gelobte dies und erhielt dafür eine kleine, aus weißem Marmor gehauene Marienstatuette. Dieses Figürchen ist als Gnadenbild im Hochaltar der Ettaler Basilika zu besichtigen, woraus sich folgern läßt, daß der Kaiser nach Abschluß seiner militärischen Aktivitäten Wort hielt und »got ze lob und unser frawen ze ern« für zwanzig Benediktinermönche und dreizehn Ritterfamilien im Ammergebirge ein Kloster erbauen ließ. Den Ort nannte er »é-tal«, Tal des Versprechens. Das dem Benediktinerkloster beigeordnete Ritterstift, das bis 1348 bestand, läßt vermuten, daß Ludwig auch politisch-strategische Absichten mit seiner Gründung verband, denn der Ort markierte einen der wichtigsten Alpenübergänge zwischen Bayern und Italien. Im Tympanon des gotischen Kirchenportals ist Ludwig der Bayer mit seiner Gemahlin Margaretha von Holland verewigt, es ist eines der wenigen

Klosterkirche Ettal

Blick in die Kuppel der Basilika

Der Kofel bei Oberammergau

Winterstimmung an der alten Ettaler Mühle

Altarbild in Ettal

Das Ammergau ist Weideland

Schnee und Frost verzaubern die Flußlandschaft

Relikte des alten mittelalterlichen Baues, der 1744 einer fürchterlichen Brandkatastrophe zum Opfer fiel.
Im Geist des alpenländischen Barocks baute man es unter Beibehaltung des alten Grundrisses wieder auf, als maßgeblicher Architekt wirkte der Wessobrunner Baumeister Josef Schmutzer, der auch die Pfarrkirche von Oberammergau errichtete. Die Pläne für die gewaltige Kuppel der Ettaler Basilika, die schon Heinrich von Noe nachhaltig beeindruckte, gehen auf Enrico Zucalli zurück:
»Schon schaut mit einem Zauberschlag um die nächste Felsenecke gerückt, die Kuppel der Kirche herüber. Majestätisch hebt sie sich, in ihrer Wirkung von den wolkentragenden Kuppeln der Alpen nicht erdrückt, aus dem engen Thal . . . Ich kann nicht begreifen, wie man über den architektonischen Werth einer solchen Kuppel hat streiten mögen. Nichts ziert eine große Kapitale so, wie die weithin sichtbaren, von Menschenhand in die Lüfte gesetzten Berge. Eine Anzahl Kuppeln verleiht das Aussehen einer Großstadt. Es gibt nichts Monumentaleres. Und auch hier in der verborgenen Alpenschlucht, wo wilde Achen und Wasserstürze das einzig Wandelnde sind, erregt das Werkh freudige Überraschung«.
Einige Zeilen später aber weist Noe schon auf das seinerzeitige Schicksal der Abtei hin, die vollständige Auflösung durch die Säkularisationsmaßnahmen des bayerischen Staates:
»Jetzt aber ist Ettal ganz verödet. In dem weiten Hofe des Klosters ist alles mit Gras überwachsen, alle Mauern des alten Gebäudes stehen in hohem Unkraut. Die Straße wird wenig begangen und verhältnismäßig selten zieht ein jugendlicher Tourist mit der Reisetasche vorüber . . . «
1803 waren sämtliche Klostergebäude in Privatbesitz übergegangen. Freiherr von Cramer-Klett, der neue Eigentümer, gab jedoch die gesamte Anlage 1900 an den Benediktinerorden zurück, der von Scheyern aus unverzüglich daran ging, hier wieder ein Priorat mit Gymnasium und Internat aufzubauen, die sich heute nach wie vor einer großen Nachfrage erfreuen.

Die Gesamtanlage des Benediktinerklosters Ettal

Die Ammer zwischen Ettal und Oberammergau

Oberammergau: von Schnitzern, Malern und Kraxentragern

Im Jahr 1563 wurde in Oberammergau, wenige Kilometer flußabwärts von Ettal, erstmals eine Zunftordnung für Holzschnitzer aufgestellt, vermutlich aber reicht die Ausübung dieses Handwerks bis weit in das frühe Mittelalter zurück. Wenn sich einfache Bauern derlei Nebenbeschäftigung hingaben, dann taten sie das in aller Regel nicht zur Befriedigung irgendeiner künstlerischen Passion oder zum gemütlichem Zeitvertreib, sondern um sich und die Ihren durch die harten Winter zu bringen. Der Lebensunterhalt in den verschneiten Alpendörfern war schwer zu verdienen und bezahlte Arbeit rar. Noch in der Mitte des vorigen Jahrhunderts übten über hundertzwanzig Männer in Oberammergau den Beruf des Holzschnitzers aus. Man mag sich keinen größeren Gegensatz vorstellen, als zwischen den kargen Lebensumständen damals und den nostalgischen Vorstellungen, die wir Heutigen mit dem Leben unserer Vorfahren verbinden. »In Ammergau kommen die Buben schon als Herrgottschnitzer auf d' Welt« – so unrecht hatte Ludwig Ganghofer mit seiner Beobachtung gar nicht, schon die Kinder mußten ihren Teil zum Fortkommen der bäuerlichen Familie beitragen. Weniger romantisierend würde man das heute Kinderarbeit nennen.

Was wurde geschnitzt? In erster Linie Kruzifixe in großen Mengen, ganz einfache für den Stall (»Stallherrn«), kunstvollere für Wohnstube, Feldkreuz und Kirche. Auch an anderen Motiven herrschte kein Mangel, die biblische Überlieferung bot eine Fülle von Szenerien, Allegorien und Gestalten, deren plastisch-phantastische Ausmalung im Wesen bayerischer Religiosität zu liegen scheint. Vom Sündenfall Adams und Evas, über die Flucht der heiligen Familie nach Ägypten bis hin zu den ergreifenden Leidensstationen Christi fand und findet sich alles in den Arbeitsstuben der Schnitzerfamilien. Madonnen und eine Vielzahl von Heiligengestalten kommen hinzu. Noch im vergangenen Jahrhundert stellte man außer religiöser Volkskunst auch Gegenstände des täglichen Lebens selber her: Löffel und Schüsseln, Puppen und Spielzeugtiere. Fahrende Händler und Kraxenweiber vertrieben die hergestellte Ware mühsam in der engeren und weiteren Umgebung, kamen auf ihren Fußmärschen bis nach Südtirol und Venezien hinunter.

Die Arbeitstechnik der Schnitzer ist seit Jahrhunderten im wesentlichen die gleiche geblieben. Aus sorgfältig gelagerten Stammhölzern haut der Bildner mit grobem Stemmeisen die Grundformen der Figuren heraus. Die vielen Details, die jede Plastik erst zum Kunstwerk machen, werden mit

dem Schnitzmesser und feinen Sticheln ausgeführt, mit Raspeln und Schleifpapier werden die Oberflächen zuletzt geglättet, vielleicht auch noch bemalt oder vergoldet. Wie gesagt, man verrichtete die Arbeit nicht zum Vergnügen, man mußte daran verdienen. Rasche, ordentliche Handarbeit war gefragt. Sieben Schnitte, so sagte man, müßten genügen, um dem Gesicht des Gekreuzigten Ausdruck zu verleihen! Als bevorzugtes Material werden auch heute noch die Hölzer der Linde, der Zirbelkiefer und gelegentlich auch der Obst- und Nußbäume verarbeitet. Obwohl der Oberammergau alljährlich überflutende Massentourismus auch im Bereich der Holzschnitzkunst teilweise zu einer inflationären Oberflächlichkeit und Einheitsware geführt hat, betreiben immer noch hervorragende Schnitzer und Krippenbauer ihr künstlerisches Handwerk in dem schmucken Ort an der Ammer. Man muß sie nur zu finden wissen!

Der Lüftlmaler Franz Seraph Zwinck

Wand- und Fassadenmalerei an behäbigen Bauernhäusern, Gastwirtschaften und Ratshäusern ist vielerorts in der Alpenregion zu finden, aber kein anderer Fleck kann ein solches Maß an künstlerischer Phantasie und Erscheinungsvielfalt aufweisen wie Oberammergau. Das hat man in erster Linie einem einheimischen Künstler des 18. Jahrhunderts zu verdanken, Franz Seraph Zwinck (1748–1792), der hier die bis zum heutigen Tag fortgeführte Lüftlmalerei begründete.
Der Streit, woher das Wort »Lüftlmalerei« denn stamme, entpuppte sich als Streit um des Kaisers Bart. Weder die luftige Höhe, in der der Künstler zu arbeiten gezwungen war, noch seine windschnelle Malweise – die Farbe mußte »al fresco«, also auf den feuchten Putz aufgetragen werden – hatten namensgebende Bedeutung. Vielmehr bewohnte die Familie Zwinck in Oberammergau das Haus »Zum Lüftl« und der

Brunnen in Oberammergau

Lüftlmalerei an einem alten Ammergauer Haus

hoffnungsvolle Jungkünstler mußte sich den derb-spöttischen Spitznamen »Lüftlmaler« wohl oder übel gefallen lassen. Von Martin Knoller, dem Tiroler Maler der Fresken in der Ettaler Kirchenkuppel, hatte sich Zwinck wohl einiges abgeschaut, ehe er seine ersten eigenen Versuche auf kleinen Altarblättern und Fensterumrahmungen wagte. Sein Talent beeindruckte, nach und nach wurden die Aufträge immer bedeutender. Ganze Häuserfronten sollte der junge Mann mit zumeist biblischen Szenen füllen, sollte Scheinfenster, Blendarkaden, Ornamente und Kirchenfresken erstellen. Als Höhepunkte seiner Tätigkeit als Freskomaler gelten das Pilatushaus, das Hohenleitnerhaus und das Forstamthaus in Oberammergau. Zeitlebens kränkelnd, wurde Zwinck nur dreiundvierzig Jahre alt, seine zahlreichen Nachkommen aber führten die Familientradition fort und verhalfen dem impressionistisch-duftigen Gestaltungselement der Lüftlmalerei im Voralpenland endgültig zum Durchbruch.

»Des Leydens und Sterbens uns'res Herren Spiel« – die Oberammergauer Passion

»Das Ammergauer Passionsspiel zieht mit jedem Decennium bei der stets wachsenden Menge der Verkehrswege eine immer größere Anzahl Europäer in das Alpenthal; es ist deshalb nicht zu verwundern, wenn die Manieren der Bewohner abgeschliffner sind als sonst in ähnlicher Umgebung. Die Männer gehn nicht selten fast ganz städtisch angezogen aus und nicht wenige ihrer Frauen und Töchter tragen Krinolinen. Auch der zweifache Künstlerstolz in der Richtung nach ihrer plastischen Thätigkeit in Holz, vor allem aber nach ihren dramatischen Leistungen hin hebt ihnen die Köpfe. Und es muß ihnen zugegeben werden, daß sie in der That an Unterrichtetheit, sanftem Wesen und civilen Sitten sich vor den Baiern lobenswerth auszeichnen. Dabei kann man ihnen gern den verzeihlichen Dünkel nachsehen, mit dem sie annehmen, daß sie allein in Deutschland solche Spiele aufführen können. Man spielte vor der Klosteraufhebung in Baiern in mehrern Ortschaften zu gewissen Zeiten Passion, bis es allen verboten und nur durch Zufall und unmotivierte Willkür den Ammergauern allein belassen wurde. Die geistige Anstrengung, das viele Lesen und Lernen, das jahrelang vor einem Spiel getrieben werden muß, damit alles schön zusammengeht und durch Ungeschicklichkeit nichts gestört wird, kann nicht ohne günstigen Einfluß auf die Leute bleiben.«
Heinrich von Noe wies 1865 schon auf die besondere Bedeutung der Passionsspiele für Oberammergau hin. Trotz Herrgottschnitzer und Lüftlmalerei – nur diese Spiele machten den Ort weltbekannt und lassen alle zehn Jahre Hunderttausende von Besuchern in den Ammergau strömen.
Der Ursprung der Spiele waren die Pestilenzjahre 1632 bis 1634, in denen der Schwarze Tod ganz besonders heftig in Bayern wütete: In den benachbarten Orten Partenkirchen, Eschenlohe und Böbing hat die Seuche bereits Tausende dahingerafft, überall auf dem Lande brennen wie Todesfackeln die Pestfeuer, verwehren bewaffnete Wachen den Zugang zu den Dörfern. Mitten im pestverseuchten Oberland ist allein Oberammergau noch verschont geblieben. Doch am Kirchweihtag des Jahres 1632 gelingt es einem in Eschenlohe bediensteten Taglöhner, die Ammergauer Wachen zu umgehen und in den Ort zu gelangen. Die Pest ist eingeschleppt! Innerhalb weniger Tage rafft sie über vierhundert Oberammergauer dahin, vor allem Kinder und Frauen. Die Totenmatrikel der Kirche können die Namen nicht mehr fassen, Massengräber werden ausgehoben, ganze Ortsteile hermetisch abgeriegelt. In dieser apokalyptischen Situation erfolgt das Gelöbnis des Rates: alle zehn Jahre die szenische Aufführung »des Leydens und Sterbens uns'res Herren«. Überwältigt berichten die Chronisten vom überraschenden Zurückweichen der Pestilenz, keiner sei daraufhin mehr gestorben, obwohl viele noch die unverkennbaren Pestzeichen am Leib trugen. Schon zwei Jahre später – die Residenzstadt München liegt noch paralysiert im Würgegriff des Schwarzen Todes – machen sich die Oberammergauer an die Erfüllung ihres Gelübdes. Passionsspiele und geistliche Oratorien sind im sinnesfreudigen, religiös

Das vollbesetzte Festspielhaus der Oberammergauer Passionsspiele

hypersensiblen Barockzeitalter keine Seltenheit, die Ettaler Klosterleitung vermittelt rasch einen brauchbaren Spieltext und die Geschichte der Oberammergauer Passion nimmt ihren bis heute nicht unterbrochenen Lauf.
Bis zu neunzig verschiedene Rollen werden von Oberammergauer Männern, Frauen und Kindern zu jedem vollen Jahrzehnt dargestellt. Hatte man lange Jahre auf die lyrische Textfassung des Ettaler Paters Ferdinand Rosner zurückgegriffen, so führte Othmar Weis 1811 erstmals einen streng der biblischen Tradition verpflichteten Prosatext ein, der 1860 von Alois Daisenberger wiederum überarbeitet wurde. Seit der Aufführung von 1970 ist man bemüht, alle als antisemitisch interpretierbaren Textteile umzuarbeiten oder zu streichen.

Aber wie es so geht: über alle kulturellen Preziosen und Sehenswürdigkeiten haben wir fast den roten Faden unserer Wanderung, den jungen Ammerlauf, aus dem Blick verloren! In tausend Windungen hat er sich mittlerweile zu einem respektablen Fluß erweitert und flacheres Gelände erreicht. Leider haben die Hochwasser-Verbauungen der letzten Jahrzehnte dem »jungen Spund« viel von seiner Wildheit und damit von seinem ehemaligen Reiz genommen. Nur einmal noch darf er sich ungestüm und überschäumend gebärden, nämlich im Naturschutzgebiet »Ammerschlucht-Scheibum« östlich von Saulgrub. Als »Scheibum« bezeichnet der bayerische Dialekt eine rasante Drehbewegung im Wasser, einen Wirbel. Eingezwängt von senkrecht aufstrebenden Kalktuff-Felswänden veranstaltet die Ammer in diesem Bereich einen solchen Wirbel, vielbesucht von Spaziergängern und Wildwasserfahrern. Übrigens ist die Ammer nicht immer in Richtung Norden weitergeflossen. Nach der Eiszeit schlängelte sie sich von diesem Gebiet aus in Richtung Westen weiter und mündete bei Trauchgau in den Lech ein. Spätere Schuttablagerungen verlegten das Flußbett und führten zur Bildung des heutigen Ammerverlaufes.

Seite 22:
Die Ammer als Gebirgsfluß im Bereich der Scheibum und bei Penstelsau

Almlandschaft bei Unterammergau

Blick von der Echelsbacher Brücke

Die »Wies« bei Steingaden

Wer wollte ein Buch über den Ammergau schreiben, ohne wenigstens kurz der wohl berühmtesten bayerischen Kirche zu gedenken, der »Wies« bei Steingaden? Was vermag es da zu besagen, daß dieses Aushängeschild bayerischer Topographie etwas näher am Lech als an der Ammer liegt? Tausendmal ist sie beschrieben worden und es ist nicht nötig, eine neue Fassung staunender Betrachtung hinzuzufügen, zumal die Schönheiten dieser Wallfahrtskirche viele Monate durch Baugerüste vollständig verdeckt war. Tief fliegende Kampfflugzeuge und andere Umwelteinflüsse hatten ihr schwer zugesetzt und die gesamte Deckenkonstruktion drohte sich aus ihrer Verankerung zu lösen. Es dauerte geraume Zeit, bis die Restauratoren ihre diffizile Arbeit beenden konnten. Mittlerweile erstrahlt das prächtige Gebäude wieder im alten Glanz und wir können uns bei seinem Anblick einer Schilderung Josef Hofmillers aus dem Jahr 1928 anschließen:
»Da liegt sie, die Wies, auf den ersten Blick eine weiße Wallfahrtskirche wie hundert andere, bloß ungewöhnlich groß, von außen nichts besonderes, der Hauptteil macht einen wunderlichen Kamelbuckel, aber wie sie so dasteht

Die Wieskirche bei Steingaden

Innenraum des von Dominikus Zimmermann geschaffenen Gotteshauses

auf dem grünen Anger, dahinter das Gebirg', hat sie etwas Seltsames, es zieht einen unwillkürlich hinein, Der erste Blick ins Innere – unbeschreiblich! Hell, wie ein fürstlicher Saal, vor allem aber Raum! Raum! Wie wenn der gewaltige Druck des Innern die Wände auseinandertriebe! Wie wenn sich nach oben zu alles rundum schwänge! Immer und immer wieder zwingt es den Blick in die Höhe. Der Hauptraum weiß, oben mit Gold, eirund, der blaue Deckenhimmel getragen durch acht Säulen – und Pfeilerpaare – es sind weder Pfeiler noch Säulen, sondern beides, immer zwei schneeweiß und schlank nebeneinander, ganz oben ansetzend, sodaß dies Barock schier etwas Gotisches erhält, strebend leicht, anmutig, hoch, wundervoll hoch! Dazu die Farben! Das eirunde Schiff, wie gesagt, blühweiß mit goldnen Verzierungen an den Pfeilerköpfen. Da wo sich's zum Altarraum verengt, im linken Pfeilerpaar breit und festlich die Kanzel, im rechten eine noble vergitterte Empore, die der Kanzel das Gegengewicht hält, wie zwei goldne Schildwachen vor dem Heiligtum. Der Künstler hat die Farben schon reicher genommen, weil er, je näher er dem Hochaltar kommt, mit desto vollerm Werk spielen wird . . . Jeder Schritt nach rechts, links, vorn, zurück eine Durchsicht, Überschneidung, Verschiebung, Fenster, Wölbungen, Bilder scheinen mit-

Winterliche Impressionen an den Ammer-Schleierfällen

einander, ineinander zu spielen, das Licht spielt mit. Ist das alles noch Rokoko? Die Gewölbeverbindungen im Presbyterium haben fast etwas Maurisches, wie in der Alhambra, wie Tropfsteinbildungen, die Säulen im Hauptraum aber etwas Gotisches, es ist wohl achtzehntes Jahrhundert, aber wie aus einer gotischen Raumphantasie heraus empfunden: statt der himmelanstrebenden Säulenschäfte säulenförmig aufgelockerte Doppelpfeiler. Hier scheint das Licht hereinzustürzen, siegreich und gewaltig und ist doch mit feinster Überlegung gebändigt, von beiden Seiten, von oben, und alles ist Fest und Farbe. Denn wahrhaftig herrscht hier die Farbe immer rauschender, je näher dem Altar. Die Säulen rechts und links oben graugrün mit Gold, die des Altars purpur mit Gold auf dem Altarbild die vollsten blauen und roten Töne, noch verstärkt durch die weißen Leiber der Heiligenstatuen und der pausbackigen Engelbüblein. Man sieht sich nicht satt am Raum!«

Was bleibt einem nach solcher Liebeserklärung noch zu tun, als nüchtern nachzutragen, was gesagt sein muß! Die Ätiologie der Wallfahrt etwa: eine im Prämonstratenserkloster Steingaden hergestellte Holzfigur, den gegeißelten Heiland darstellend, erregt solchermaßen die Affekte des gläubigen Volkes, daß sie die klösterlichen Oberen auf den

Schleierfälle

Alte Ammer

Kreuzgang des Klosters Steingaden

entfernt liegenden Wieshof schaffen. Jetzt aber geschieht das Unerhörte: auf dem Antlitz der Figur werden Tränen gesehen! Danach gibt es kein Halten mehr, die Wallfahrt zum gegeißelten Heiland von der Wies führt Tausende Pilger aus halb Europa in den bayerischen Pfaffenwinkel. Die notdürftig erstellte Holzkapelle muß bald durch eine große Wallfahrtskirche ersetzt werden, eben durch die Wieskirche. Der geniale Baumeister war Dominikus Zimmermann aus Landsberg. Zimmermann hatte als typischer Landbaumeister keinerlei Akademie besucht, hatte kaum jemals seine nähere Heimat verlassen und zählte zum Zeitpunkt seiner Tätigkeit an der Wies schon fast siebzig Jahre!

Kloster Rottenbuch

Steingaden und Rottenbuch, Polling und Wessobrunn:

das Ammerland ist Klosterland

Klostergründungen hatten in alten Zeiten immer vielfältige Ursachen. Ist auf der einen Seite die geistlich-religiöse Motivation der zumeist weltlichen Stifter unbestreitbar und in vielfältige Legenden gekleidet, so hatte man in aller Regel auch die wirtschaftliche, kulturfördernde und politische Seite einer solchen Gründung fest im Blickfeld. Klöster stabilisierten die Herrschaftslage des Stifters und dehnten sein Einflußgebiet aus. Es ist deshalb nicht verwunderlich, daß gerade der Lauf der Ammer mit seinen bis weit in das Mittelalter hinein undurchdringbaren Urwäldern und Sümpfen gesäumt ist von Mönchsansiedlungen. Der Name Pfaffenwinkel rührt ja von daher, gemeint ist damit eher der »angulus monachorum«, der »Winkel der Mönche«, wie 1757 Franz Sales Gailler sein Dekanat Weilheim bezeichnete. Von der politischen Bedeutung der Benediktinerabtei Ettal, gegründet durch Kaiser Ludwig den Bayern, war schon die Rede. Dem Fürstenhaus der Welfen verdankt das Gebiet zwei weitere Klöster: Steingaden und Rottenbuch. Steingaden, 1147 als Prämonstratenserkloster von Welf VI. gegründet und mit Besitzungen bis nach Südtirol hinunter ausgestattet, hat zumindest äußerlich sein romanisches Kleid behalten, vom Herzstück des spätmittelalterlichen Monasteriums, dem Kreuzgang, ist noch der beeindrukkende Westteil mit der Brunnenkapelle erhalten. Seit der Säkularisation des Klosters 1803 – der Bau der Wieskirche hatte das Kloster bereits weitgehend in den Ruin getrieben – dient die Abteikirche als Steingadener Pfarrkirche. Rund hundert Jahre vor Steingaden war mit Rottenbuch schon ein erstes Welfenkloster gestiftet und mit Augustinerchorherren

Bei der Ammermühle von Rottenbuch

Barocke Altarpracht in der Stiftskirche Polling

besetzt worden. Von diesen bewegten Zeiten zeugt heute nur noch der freistehende Kampanile der säkularisierten, aber deswegen nicht weniger sehenswerten Klosteranlage.
»Liberalitas Bavariae« – wer wüßte schon auf Anhieb den Ursprung dieser oft zitierten bayerischen Selbstschmeichelung? Die Inschrift schmückt in goldenen Lettern die Eingangshalle zur Stiftskirche Polling, südlich der heute wichtigsten Stadt des Pfaffenwinkels Weilheim. Der Legende zufolge eine Gründung Herzog Tassilos III. für die Benediktiner um 750, wird das Kloster

Die Tassilo-Linde bei Wessobrunn

aber erst 1010 als Augustinerchorherrenstift aktenkundig. Nur mehr eine romanische Krypta erinnert an diese Frühzeit, seit der Kirchentrakt 1420 von dem Weilheimer Baumeister Hans Krumpper neu aufgebaut wurde und 1605 einen Renaissanceturm erhielt. Über die Landesgrenzen berühmt war die wissenschaftliche Bibliothek Pollings, die im 18. Jahrhundert an die achtzigtausend Bände umfaßt haben soll und fast vollständig der Säkularisation zum Opfer gefallen ist. Seit 1892 wird die Anlage von einem Dominikanerinnenkonvent bewohnt.
Und schließlich Wessobrunn!

Innenraum der Klosterkirche Wessobrunn

Wessobrunn ist längst mehr als eine ehemalige Benediktinerabtei (um 753 mit Mönchen aus Niederaltaich besetzt), nämlich der Inbegriff einer weitverbreiteten, künstlerischen Schule, den »Wessobrunnern« – Stukkateuren und Baumeistern –, darunter so bekannte Künstlerfamilien wie die Zimmermanns, Schmuzers und Feichtmayrs. Wessobrunn war Keimzelle einer neuen Stilrichtung der künstlerisch gestalteten Stukkatur. Unabhängig davon aber ist Wessobrunn der Ort, an dem eines der ältesten deutschen Sprachdenkmäler entstand oder zumindest aufbewahrt wurde, das erstaunlich expressionistisch anmutende »Wessobrunner Gebet«:

»Das erfuhr ich unter den Menschen als die größte aller Erkenntnisse, daß die Erde nicht war, noch der Himmel, noch Baum, noch Berg, noch irgendein Stern, noch schien die Sonne, noch leuchtete der Mond, noch war das herrliche Meer. Als da nichts war von Enden und Grenzen, da war der eine, allmächtige Gott . . . «

Es ist auch heute noch ein lyrischer Ort, dieses Wessobrunn. Wie fremdartige Fossile erheben sich einige Zeugen ferner Vergangenheit im heutigen Klosterhof: der romanische Glockenturm »Grauer Herzog«, das schlichte Brunnenhaus und die uralte Tassilo-Linde.

Wessobrunn: Klosterkirche und »Grauer Herzog«

Ein Zauberberg im Voralpenland – der Hohenpeißenberg

»Wer den Pfaffenwinkel in Augenschein nehmen will«, hat Roswin Finkenzeller geraten, »braucht nur auf den Hohenpeißenberg zu fahren und sich dort oben einmal um die eigene Achse zu drehen.« Und in der Tat – bei Föhnwetter hat man von diesem nicht einmal tausend Meter hohen Voralpenberg einen phantastischen Blick von den Chiemgauer bis zu den Allgäuer Alpen, Tausende von Ortschaften liegen einem zu Füßen, das gesamte Ammertal ist von seinem Ursprung bis zum Ammersee einsehbar. Ob dieser Aussicht hat man den Hohenpeißenberg auch den »Bayerischen Rigi« genannt.
Wen wundert es, daß an dieser exponierten Stelle die 1619 gegründete Wallfahrtskirche der Himmelfahrt Mariens gewidmet wurde? Die mit der Verwaltung der Wallfahrt betrauten Rottenbucher Augustinermönche widmeten sich aber nicht nur dem Stundengebet und der Beichtseelsorge, sondern bauten nebenbei ein Observatorium und die vermutlich älteste Bergwetterstation der Erde auf. Im Auftrag des Wittelsbacherkurfürsten Karl Theodor, der mit seinem Stationsnetz »Societas Meteorologica Palatina« einen Vorläufer des heutigen »Deutschen Wetterdienstes« gegründet hatte, begannen die Mönche des Klosters 1781 systematisch das Wetter zu erforschen. Die Wetterstation im zweiten Stock des barocken Klostergebäudes war eine von neununddreißig Stationen der »Palatina«, die vom Ural bis nach Nordamerika und von Grönland bis zum Mittelmeer reichte. Der Hohenpeißenberg bot für die Wetterbeobachtung geradezu ideale Voraussetzungen. Der Berg »eröffnet in einem unermeßlichen Bezirk des Himmels und der Erde die mannigfaltigste, feyerlichste Aussicht,

Der Hohenpeißenberg mit Himmelfahrtskirche und Observatorium

Berghof bei Peißenberg vor dem Alpenpanorama

und ist daher sowohl zur Stern- als auch zur Witterungskunde der auserlesendste Ort, den man sich wünschen darf«, stellte im Jahr 1792 der Augustinerchorherr Albin Schwaiger, Mitglied der »churfürstlichen Witterungs-Academie« überschwenglich fest. Nach der Säkularisation wurde die Station 1806 von der Bayerischen Akademie der Wissenschaften übernommen, der Pfarrherr von Hohenpeißenberg zum Observator und der Dorfschullehrer zum Gehilfen bestimmt. Erst 1940 zog man aus dem Kloster aus und in ein neuerrichtetes Gebäude am westlichen Ende des Bergrückens um. Achtundzwanzig Mitarbeiter tun heute rund um die Uhr in der Wetterstation und in der UKW-Sendeanlage auf dem Hohenpeißenberg Dienst.

Wer sich nun schon einmal in dieser Gegend aufhält, dem sei noch ein kaum beachtetes, künstlerisches Kleinod verraten! Südlich des Hohenpeißenbergs steht einsam und versteckt im Wald bei Ammerhöfe die kleine Kapelle St. Georg, die romanischen Ursprungs ist. Es wird behauptet, daß sie die ehemalige Burgkapelle der Ende des 14. Jahrhunderts zerstörten Burg der Grafen von Seefeld gewesen sei. In das Bewußtsein der Öffentlichkeit ist das Kirchlein erst gelangt, als an der Nordwand ein großartiger, mittelalterlicher Freskenzyklus über das Martyrium des hl. Martin freigelegt wurde.

Luftaufnahme von Weilheim

Rund um den Ammersee

Die Münchner entdecken den »Bauernsee«

»Eine große Einsamkeit ist bis in die letzten Jahre dem Ammersee verblieben. Sein Gebiet ist eines der herrlichsten im bayerischen Vorland; glänzend spiegelt sich die lange Bergeskette in seiner Flut; Hochwald umkränzt die Ufer; aber eine seltsame Fügung hat es gewollt, daß er vergessen blieb von den Tausenden, die allsommerlich hier herausziehen und sich jeden Winkel schöner Erde erobern. Obwohl nur etwa sechs Stunden von München entfernt, lag er doch lange Zeit weitab vom Wege; denn keine Bahn führte in diese stillen Gelände, und kein Dampfboot durchmaß bisher die blaue Flut. So blieb denn dieses Fischervolk allein, und die Sonne, die am Abend hinter den Waldbergen versank, sah niemals ins Gewühl drängender Menschenmassen. Erst seit kurzem hat das Dampfboot, das von Grafrath die Amper hinauffährt und dann den ganzen See durchschneidet, auch diese Pfade erschlossen.«
Karl Stieler, der bayerische Literat, schrieb im Jahr 1881 diese Zeilen nieder und markierte damit schon den Zeitpunkt, als der Ammersee vom Münchner Publikum »entdeckt« wurde. Besonders die

Stegen am Nordende des Ammersees

Parabolspiegel der Erdfunkstelle Raisting

Mooshütten bei Raisting

Sturm über dem Ammersee

Anbindung Herrschings an das Eisenbahnnetz im Jahr 1903 hat diesen ehemals stillen bayerischen Winkel der Allgemeinheit erschlossen. Vom »vergessenen See« und »einsamen Fischervolk« kann heute nicht mehr die Rede sein, längst ist auch dieses wunderschön in die Landschaft komponierte Gewässer zum Ausflugsziel und Naherholungszentrum ersten Ranges avanciert. Aber – nicht von ungefähr nennt der Volksmund den Ammersee immer noch den »Bauernsee«, den nahen Starnberger See dagegen den »Fürstensee«. Fast zwei Drittel des Ammersees sind heute frei zugänglich und wer für seinen Besuch nicht gerade einen heißen Feriensonntag gewählt hat, der wird immer einen einsamen Spazierweg am Ufer entlang finden. Nachdem die Ammer die nach wie vor utopisch anmutenden Parabolspiegel der Erdfunkstelle Raisting links liegen gelassen hat, mündet sie bei Fischen in den Ammersee. Mit seinen siebenundvierzig Quadratkilometern (sechzehn Kilometer lang, zwischen drei und fünf Kilometer breit) ist er der drittgrößte See Bayerns. Seine größte Tiefe liegt mit achtzig Meter zwischen Herrsching und Riederau. Doch der See schrumpft unaufhörlich! Fünfundzwanzig Meter tiefer war er noch nach dem Ende der Eiszeit, die Fluten des Sees füllten damals das gesamte Zungenbecken zwischen Polling und Grafrath. Von dieser Zeit zeugen noch die beiden Geschwister des Ammersees, der Pilsensee und der Wörthsee, die vermutlich aus abgeschnittenen Seitenarmen des Hauptsees hervorgingen. Zusammen mit dem benachbarten Starnberger See und dem Weßlinger See bildet diese Trias das sogenannte Fünfseenland. Nach Rückgang der Wassermassen vermoorten weite Flächen im Norden und Süden des Ammersees und der starke Zufluß der Ammer (siebzehn Kubikmeter pro Sekunde) mit seiner gewaltigen Schotterfracht wird dafür sorgen, daß der See in wenigen Tausend Jahren völlig verschwunden sein wird. Diese starke Wasserzufuhr und die hohe Niederschlagsrate der Gegend bewirkt auch, daß sich das Wasser des Sees alle zweieinhalb Jahre vollständig erneuert. Wie schon Karl Stieler bemerkte, war der Fischfang einst die bedeutendste Einnahmequelle der umliegenden Bewohner und noch heute sind die Ammerseerenken und -aale begehrte Delikatessen, die sich auch der Kulturreisende nicht entgehen lassen sollte.

Ammereintritt bei Fischen

Dießen: »Ich sehe einen neuen Himmel offen . . . «

Diese pathetischen Worte rief in Anspielung auf das Leitwort der Geheimen Offenbarung (21,1) der Festprediger aus, als er 1739 den Neubau der prachtvollen Dießener Klosterkirche einzuweihen hatte. Seitdem wird die ehemalige Augustinerchorherren-Stiftskirche am südlichen Seeufer von Kunsthistorikern und Besuchern liebevoll »Dießener Himmel« genannt.
Dießen, vermutlich Ursprungsort der Grafen von Andechs, war schon zu Beginn unseres Jahrtausends Sitz der Augustinerchorherren und das Gotteshaus hatte eine vielfältige Baugeschichte hinter sich, als man zu Beginn des 18. Jahrhunderts daran ging, einen Rokokoprunkbau zu errichten. Um dieses ehrgeizige Ziel zu verwirklichen, holten der aus Indersdorf gebürtige Propst Ivo Bader und sein Nachfolger Herkulan Karg mit Johann Michael Fischer einen der renommiertesten Baumeister Bayerns an den Ammersee, ließen kurzerhand den schon begonnenen Rohbau wieder abreißen und gewährten Fischer alle künstlerischen Freiheiten. Das fertiggestellte Gotteshaus geriet zu einem Höhepunkt des frühen bayerischen Rokoko, wurde schließlich von Wessobrunner Meistern stuckiert und vom Augsburger Akademiedirektor Georg Bergmüller mit Fresken ausgeschmückt. François Cuvilliés der Ältere entwarf den fast bühnenähnlichen Hochaltar. Als weitere künstlerische Höhepunkte finden sich Figuren von Erasmus Grasser (Petrusstatue in der Sakristei), Franz Xaver Schmädl (Krippenfiguren), Ignaz Günther (schwebender Engel im Altarvorraum) und Giovanni B. Tiepolo (Sebastian-Statue im Seitenaltar).
Die Freude der Augustinerchorherren über ihr repräsentatives Gotteshaus dauerte indes nur wenige Jahrzehnte, die Säkularisation von 1803 bereitete ihrem Konvent ein abruptes Ende. Die Kirche selbst hat die Säkularisation überstanden. Nur der 1827 vom Blitz getroffene Turm wurde 1846 erneuert und 1986/87 durch den heutigen Turm ersetzt, der nach historischen Vorbildern rekonstruiert wurde. Seit 1923 dient das Kloster der Kongregation der Barmherzigen Schwestern vom Vinzenz von Paul als Mutterhaus.

Die ehemalige Stiftkirche der Augustinerchorherren von Dießen

Kloster Dießen

Die Ammer mündet in den Ammersee

*Seite 45:
Der Ammersee als beliebtes
Naherholungsgebiet*

Uferpromenade von Herrsching

Bootshäusel bei Stegen

Fünfseenland – ein Schlösserland

Seit frühen Zeiten war das Fünfseenland ein fruchtbarer und besiedelter Landstrich vor der eher unwirtlichen Alpenregion. Und so verwundert es nicht, daß an den exponiertesten Stellen immer wieder Landsitze, Burgen und Schlösser errichtet wurden. Wenngleich nur die wenigsten von ihnen der Öffentlichkeit zugänglich sind, so lohnt doch ein kurzer Abstecher in jedem Fall. Das gilt in besonderer Weise für das Hochschloß Pähl im Südosten des Ammersees, denn von seinem erhabenen Standpunkt aus hat man eine herrliche Sicht über den gesamten Ammersee. Auffallendster Bestandteil des neugotischen Gebäudes ist sein circa dreißig Meter hoher, zinnenbewehrter Turm. 1885 wurde der Bau von dem bekannten Münchner Architekten Albert Schmid entworfen, auf dessen Pläne auch die Münchner Lukaskirche zurückgeht. Das wertvollste Stück des Inventars des Pähler Schlosses ist heute aber im Bayerischen Nationalmuseum in München zu bewundern: der gotische, von einem unbekannten Meister geschaffene »Pähler Altar« aus der Zeit um 1400.
Keines feudalen Ursprungs, aber deshalb nicht weniger sehenswert ist hingegen das heutige Wahrzeichen Herrschings, das Kurparkschlößchen. 1888 erbaute der Maler Ludwig Scheuermann die Villa nach eigenen, von vielen Reisen inspirierten Vorstellungen. Zu seiner Zeit war die Scheuermannvilla, wie sie damals genannt wurde, ein beliebter Künstlertreffpunkt.
Je ein Landsitz des Grafengeschlechtes Toerring-Jettenbach

Kurparkschlößchen von Herrsching

findet sich am Pilsen- und am Wörthsee. Der Pilsensee wird beherrscht von Schloß Seefeld, das auf mittelalterlichen Burganlagen aufgebaut ist. Markant wirken die beiden Brücken, über die man den Innenhof der Anlage erreicht und die vom Rosenwappen der Familie geschmückt sind. Die Arkaden und den Loggienanbau plante 1897 der drei Jahre später geadelte Münchner Architekt Gabriel Seidl, der in der Landeshauptstadt unter anderem die Lenbachvilla, das Nationalmuseum und das Deutsche Museum schuf. Auf Schloß Seefeld sitzen die Toerring-Jettenbachs seit 1472, das kleine Inselschlößchen Wörth ließen sie sich erst 1771 als Sommerdomizil erbauen.

Den Bilderbogen adeliger Herrensitze rund um den Ammersee beschließt im Nordwesten Schloß Greifenberg über dem steil abfallenden Windachtal. Es hat seinen Namen von einem Ministerialengeschlecht, das den Grafen von Andechs dienstbar war und im Ruf stand, besonders tüchtige Turnierreiter hervorzubringen. Der letzte »Greif« kam auf einem Kreuzzug gegen Ende des 14. Jahrhunderts ums Leben. Seither sind die Freiherren von Perfall Inhaber der Schloßanlage, in dem 1805 der französische Imperator Napoleon Bonaparte genächtigt haben soll. Ein steinerner Richterstuhl aus dem Jahr 1442, der heute unter einer mächtigen Blutbuche des Schloßparks aufgestellt ist, weist noch auf die Gerichtsbarkeit hin, die die Freiherren von Perfall bis zur Aufhebung der Patrimonialgerichtsbarkeit im Jahr 1848 ausübten.

Insellandschaft im Wörthsee

Der heilige Berg von Andechs

Berge kann man besteigen. Es ist der Weg von unten nach oben, der das Erlebnis des Bergsteigers ausmacht. Man kann einen Berg auch anschauen. Vom Fuße her hinaufschauend, kann die Mächtigkeit eines Berges sich bis zur Bedrohlichkeit äußern. Aus der Ferne betrachtet, wird mehr der Eindruck vorherrschen, daß da vorne die Erde gewissermaßen aus sich herausgeht, sich dem Himmel nähert.

Die dritte heute mögliche Perspektive, vom Flugzeug aus, zeigt mehr noch die eingefrorene Kraft und das phantasievolle Spiel der Formen. Menschen aller Zeiten haben im Berg eine vierte Dimension mitgeschaut: den heiligen Berg. Es kann der gewaltige Berg sein, dessen unantastbarer Gipfel in den Wolken für die Unnahbarkeit der Götter oder des einen Gottes steht. Der heilige Berg kann aber auch ein leicht zu erreichender Hügel sein, dessen unwiderstehliche Kraft sich aus seiner Dynamik als Mittelpunkt eines Kultes aufbaut. Tausende von Menschen strömen auf einen Hügel, um an diesem Mittelpunkt der Erde die Einheit des Kosmos zu feiern. Zu dieser Kategorie zählt der heilige Berg Andechs. Ob man als frommer Wallfahrer, als Tourist, Wanderer oder als Bierliebhaber kommt, die kultische Funktion dieses Berges ist unübersehbar. Allerdings: bei einigermaßen guter Fernsicht fehlen auch die gewaltigen Berge nicht. Man geht zum heiligen Berg und schaut im Hintergrund die Alpenkette mit dem hierzulande höchsten Berg, der Zugspitze. Diese Sicht kann vor allem der von Norden her über die Ortschaft Widdersberg Kommende genießen. Allen vier Himmelsrichtungen zeigt der kleine Berg Andechs ein freundliches Gesicht. Wer von Süden her über den herrlichen Hochweg von Pähl kommt oder von Osten, vom Starnberger See, die erste Blickbegegnung mit dem Klosterberg wird Sympathie hervorrufen. Die Wallfahrer von Westen können diesen Blickkontakt gleich zweimal erleben. Zum ersten Mal, wenn ihnen der Andechser Kirchturm auf der Überfahrt über den Ammersee winkt, zum zweiten Mal nach dem Aufstieg durchs Kiental, wenn der Wald kurz vor dem Ziel den Blick freigibt.

Die Andechser Wallfahrt ist vielleicht die älteste in Deutschland. Der Legende nach geht sie bis ins 10. Jahrhundert auf den Grafen Rasso zurück. Der später heiliggesprochene Rasso stammte aus dem alten Dießener Grafengeschlecht. Er soll von Papst Agapet II. den Auftrag erhalten haben, aus dem Heiligen Land Reliquien mitzubringen, um diese zum Zentrum einer Wallfahrt zu machen. Die Dießener Grafen verlagerten im Laufe des 10. Jahrhunderts ihren Stammsitz nach Andechs, wo sie auf dem eiszeitlichen Hügel ihre Burg errichteten. Die Burgkapelle wurde bald als Ort heiliger Reliquien bekannt. Es wird erzählt, daß diese ersten Reliquien auf St. Rasso zurückgehen. Historisch sicher ist, daß die Grafen zu Andechs, deren Herrschafts- und Einflußbereich sich im elften und zwölften Jahrhundert stark ausdehnte und bald weit über Bayern hinausging, auch unter die Kreuzfahrer gingen. Sie brachten Reliquien und Erinnerungsgegenstände aus dem Heiligen Land mit, die in der Andechser Nikolauskapelle zum verehrten Ziel von Vorläufern des Wallfahrtsbrauches wurden. Ihre Untertanen des Lechraingebietes verpflichteten die Andechser Burgherren zur jährlichen Wallfahrt zum Heiltumsschatz von Andechs.

Kloster Andechs steht auf dem Berg wie eine Burg. Die ursprüngliche Grafenburg ist längst zerstört – geschliffen von den damaligen Erbfeinden des Andechser Geschlechts, den bayerischen Wittelsbachern. Sie nutzten die Gelegenheit, als nach dem Mord am Stauferkönig Philipp von Schwaben im Jahre 1208 die Andechser in Ungnade fielen, weil sie der Mittäterschaft verdächtigt wurden. Der Mörder war Pfalzgraf Otto von Wittelsbach, doch für die Untat büßen mußte das Haus Andechs. Hab und Gut der mächtigen Grafen wurde beschlagnahmt, Herzog Ludwig der Kelheimer ließ die Burg in Schutt und Asche legen. Ein Herrschergeschlecht starb aus, der Ruf eines heiligen Berges nicht. Er war schon zum Berg der Heiligen geworden. Die Andechser hatten nämlich nicht nur mächtige Fürsten, sondern auch geschätzte Heilige hervorgebracht. St. Rasso, St. Hedwig und die hl. Elisabeth von Thüringen stammten aus dem Andechser Geschlecht. Dazu kam das Patrozinium des Nikolaus von Myra, das die Kreuzfahrer aus Bari mitgebracht hatten. Die Andechser Marien- und Nikolauskapelle stand hoch in Ansehen und wurde von den Wittelsbachern verschont.

Weiterhin kamen Wallfahrer auf den Berg und sie mochten ahnen, daß es auch ein Schatzberg war. Vor der Zerstörung der Burg hatten die Andechser ihren Reliquienschatz vergraben, keiner wußte mehr, wo er lag. Geschichten machten die Runde. So wurde von einer blinden Frau aus Widdersberg erzählt, die im Jahre

Blick auf Andechs

1274 die Sehkraft wiedererlangt haben soll, nachdem sie auf ihre Augen Erde aus der Nähe des Altares gelegt hatte. Wiedergefunden und geborgen wurde der Reliquienschatz im Jahre 1388. Er befand sich im Boden vor dem Altar in einer eisenbeschlagenen Kiste. Der größte Teil der alten Reliquien war damit gefunden, auch die am meisten verehrten »heiligen drei Hostien«, die auf Papst Gregor den Großen (gest. 604) und Papst Leo IX. (gest. 1054) zurückgehen sollen. Sie lagen in der Kiste, eingewickelt in einen Mantel der Elisabeth von Thüringen. Die Nachricht von der Wiederauffindung der Reliquien verbreitete sich rasch und ein Wallfahrersturm setzte ein, der alle bisherigen Pilgerfahrten in den Schatten stellte. Aber solche Schätze bleiben selten am Fundort. Der Andechser Reliquienschatz wurde in die herzogliche Hofkapelle St. Laurentius nach München gebracht. Dort wurden die verehrten Kleinodien den Wallfahrern gezeigt. Bis zu sechzigtausend Pilger überschwemmten damals die Stadt. Das war nicht zum Schaden Münchens, und die bayerischen Herzöge sahen es gern. Doch ganz vergaß man den Fundort nicht. 1416 kamen auf Veranlassung des Herzogs Ernst von Baiern Augustinerchorherren nach Andechs, um dort den Bau einer gotischen Kirche zu leiten. Die heutige Andechser Wallfahrtskirche geht in ihren architektonischen Grundzügen auf jenen Bau zurück. Die verehrten Reliquien fanden sich aber erst nach und nach wieder in Andechs ein. Es mag noch Jahrzehnte gedauert haben. Legenden berichten, daß der Himmel die Rückkehr der Reliquien durch drastische Zeichen wie Überschwemmungen und Erdbeben erzwang.
Den offiziellen Namen »Heiliger Berg« erhielt Andechs schon von Herzog Ernst. Die Gründung eines Benediktinerklosters geht auf seinen Sohn Albrecht III. zurück, der sich Andechs als Hauskloster erwählte und dort auch bestattet wurde. Ob er den Beinamen »der Fromme« wirklich verdiente, mag trotz der Klostergründung bezweifelt werden. Das »Unternehmen Andechs« war vermutlich eine Sühnestiftung: Albrecht III. hatte in jungen Jahren die Bürgerstochter Agnes Bernauer geheiratet. Mit dieser nicht standesgemäßen Ehe zog er sich den Zorn seines Vaters Ernst zu. Der ließ Agnes Bernauer kurzerhand zur Hexe erklären und bei Straubing in der Donau ertränken. Albrecht fügte sich letztendlich dem grausamen Ratschluß seines Vaters, machte er ihm doch den Weg wieder frei, ungehindert das herzogliche Erbe anzutreten. Die nachträgliche Billigung der Ermordung Agnes Bernauers belastete aber auch Albrechts Gewissen, eine Klosterstiftung galt für einen Mann seines Ranges als angemessene Sühneleistung.
Mit der Rückkehr der Reliquien und der Gründung des Benediktinerklosters begann der neue Aufschwung der Andechser Wallfahrt. Auch die beständige Gunst der Münchner Wittelsbacher trug dazu bei, daß die Wallfahrt nach Andechs zu einer Tradition durch die Jahrhunderte werden konnte. Anfangs des 17. Jahrhunderts erreichte der Besucherstrom einen Höhepunkt. Mehr als hunderttausend Pilger pro Jahr zählte man damals unter Abt Michael Enslin, der als bedeutendster Regent von Andechs gilt. In der Zeit von 1610 bis 1640 half er maßgeblich mit, Klosterleben und Wallfahrtswesen zum Blühen zu bringen. Der Entschluß so vieler Menschen, betend nach Andechs zu ziehen, war vermutlich mit der Hoffnung und Fürbitte verbunden, vom Schrecken eines grausamen Krieges verschont zu werden. Die furchtbare Zeit des Dreißigjährigen Krieges war seit 1618 über Dörfer und Städte in Mitteleuropa hereingebrochen. Bis 1632 wurde Andechs von kriegerischer Gewalt verschont. Dann kamen mehrmals schwedische Soldatenhorden, die in Erling und Andechs plünderten und mordeten. Ein Jahr darauf lagerte ein spanisches Regiment Kaisertreuer in Erling. Die Plagen und Qualen, die sie über Dorf und Kloster brachten, sind im Tagebuch des Abtes Maurus Friesenegger mit dem Kommentar versehen, daß selbst der grausamste Feind nur besser sein könnte als die eigenen Truppen. Sie fraßen das Land leer und hinterließen Häuserruinen in stinkendem Kot. Die Bevölkerung floh vor ihnen ins Kloster, aber auch dort war niemand sicher. Abt und Mönche mußten mehrmals fliehen, der heilige Schatz wurde wiederholt in Sicherheit nach München oder gar bis Wasserburg gebracht. Am Ende des Dreißigjährigen Krieges war die Bevölkerung von Erling durch Gewalt, Hunger und Pest auf ein Drittel zusammengeschrumpft.
Glockengeläut lenkt unsere Aufmerksamkeit zum Andechser Klosterberg, diesem herausragenden Hügel mit familiärem Zuschnitt. Im überschaubaren Raum um den Berg sind überall Spaziergänger unterwegs, in der Ferne bewegliche Punkte. Hinter dem Großparkplatz verdichten sich die Punkte zu einer lockeren Menge, die den Berg auf- und abströmt. Es ist nicht die nervöse, hastige Menge der Stadt, aufgeladen mit Ungeduld und Eile. Diese Menschen haben Zeit. Freilich ist jetzt nicht Hochsaison. Wenn die

Masse der einen Million Jahresbesucher erst eintrifft, kann es eng werden auf dem Berg, wer dann kommt, sollte keine Abneigung gegen Massenvolksfeste haben. Aber anders als die Theresienwiese in München ist Andechs von offener Landschaft umgeben. Die Wiesen und Wälder ringsum dämpfen auch bei Hochbetrieb noch viel von der Hektik und Unruhe. Immer noch läuten die Glocken, während wir bereits den Weg erreicht haben. Den kurzen, steilen Aufstieg, der geteert und gepflastert ist, haben wir bald hinter uns. Wir steuern direkt auf die Wallfahrtskirche zu, in der gerade eine Hochzeit stattfindet. Der zelebrierende Priester ist Abt Odilo Lechner von St. Bonifaz in München. Er ist gleichzeitig Abt von Andechs, denn nach der Säkularisation wechselte das Kloster mehrmals seine privaten Besitzer, bis es König Ludwig I. 1850 zurückkaufte und der Abtei St. Bonifaz inkorporierte. Die Hochzeitsfeier trägt südländische Züge. Im Zentrum der Kirche sitzt die Festgemeinde, nur vorne im Altarraum wird gebetet und gesungen. Um die Gemeinde herum bewegen sich im Hintergrund die Besucher der Kirche. Ein Kommen und Gehen, von dem sich die Festgemeinde offenbar nicht stören läßt. Für religiös motivierte Besucher dieser Wallfahrtskirche, wie dieses Hochzeitspaar, mag die Feier hier auch ein modernes Bekenntnis sein: Ich suche nach einer heilbringenden Synthese von altehrwürdiger, bodenständiger Tradition und einer zeitgemäßen religiösen Verantwortung. Andechs ist ein Sammelplatz religiöser Anliegen. Verschiedene religiöse Kulte finden hier zusammen oder stehen nebeneinander. Heilige Reliquien und verehrte Gegenstände sammelten sich hier ebenso an wie die Verehrung

Ständiger Betrieb am Eingang der Klosterkirche

einer ganzen Zahl von Heiligen. Auch im Baustil der Wallfahrtskirche treffen verschiedene Zeitströmungen und Richtungen aufeinander. Die gotische Kirche aus dem 15. Jahrhundert, ein Hallenbau, ist in der räumlichen Grundstruktur erhalten, jedoch von barocken Formen überlagert. 1669 brannten Kirche und Kloster nieder. Ein Blitzschlag löste diese verheerende Katastrophe aus. Hofbaumeister Max Schinnagel und der Hofmaurermeister Kaspar Zucalli, beide aus München, arbeiteten an der Wiederherstellung der Gebäude. Man vermutet auch Wessobrunner Meister unter den maßgeblichen Mitarbeitern am Wiederaufbau. Die heutige Beschaffenheit der Kirche geht auf die Jubiläumsfeierlichkeiten 1755 zurück. Zum dreihundertjährigen Jubiläum ließ damals Abt Bernhard Schütz die Kirche neu ausschmücken. Seit dieser Zeit trägt sie ihr Rokokogewand mit Wessobrunner Stuck und Wessobrunner Fresken. Johann Baptist Zimmermann hatte den Hauptanteil an der raumbildnerischen Innengestaltung. Der Münchner Hofbildhauer Johann Baptist Straub schuf die Altäre. Etliche Figuren, wie zum Beispiel St. Nepomuk vor dem Eingang zur Kreuzkapelle, stammen von dem Weilheimer Bildhauer Franz X. Schmädel. Charakteristisch für die Kirche ist der Altarraum, der wie die Bühne eines Barocktheaters gebaut ist. Vier Nebenaltäre begrenzen den Blick auf diese Altarbühne, gleichsam als Kulissen. Die geschwungene Umgangsgalerie mit ihrem Bildband aus der Andechser Geschichte bildet die »Theaterempore«. Der Hauptraum der Kirche wird zweigeschossig umhüllt mit heiligen Nebenräumen; ein Schatzhaus mit vielen Geheimnissen. Die ältesten Geheimnisse, die Andechser Reliquien, bleiben für den Normalbesucher verborgen. Sie sind der Öffentlichkeit nicht zugänglich.

Nicht nur dem religiös motivierten Besucher bietet Andechs seine Schätze an. Von den vielen Menschen, die heutzutage hierherkommen, zählt nur ein Teil zu den Wallfahrern. Andechs steht im Ruf des Besonderen. Die Landschaft ist hier besonders schön, das Bier schmeckt besonders gut, die bayerische Gemütlichkeit scheint hier besonders echt. Der Ruf von Andechs geht in die Breite und in die Tiefe. In die Breite hinsichtlich seiner internationalen Bekanntheit. Für den Weithergereisten gehört Andechs zum willkommenen Pflichtprogramm, einzureihen in bayerische Weltwunder wie Schloß Neuschwanstein, der Münchner Marienplatz oder das Oktoberfest. Für Andechs spricht aber, daß hier Oberbayern und Schwaben aus der Umgebung keine Minderheit geworden sind. Die Beliebtheit ist nicht exklusiv, sondern allgemein. Der gute Ruf nährt sich auch aus der Tiefe einer jahrhundertealten Geschichte als Wallfahrtsort, bei aller Überfremdung durch unüberschaubare Besuchermassen ist die alte Verehrung des Ortes nicht verschwunden. Touristen, Wanderer und Wallfahrer mischen sich im und am Bräustüberl. Gutgelaunte Gruppen sorgen für Atmosphäre; Einzelreisende bleiben selten allein, weil jeder Platz genützt wird und man zusammenrückt an den Tischen. Das berühmte Bier, aus echten Holzfässern, holt sich jeder selbst an der Schenke. Über acht Millionen Liter Bier werden in der neugebauten Andechser Brauerei jährlich gebraut und in alle Welt verschickt. Ungefähr ein Drittel dieser Menge wird hier auf dem Berg direkt ausgeschenkt, also etwa zweieinhalb Millionen Liter. Das entspricht einem durchschnittlichen Tagesausschank von annähernd siebentausendfünfhundert Litern oder zwei bis drei Maß Bier pro Besucher! Nur am Rande bemerkt: Die Abwassermenge der Pissoirhallen von Andechs entspricht der einer ganzen Kleinstadt!

Und die Gastgeber? Heute leben nur mehr sechs Mönche im Benediktinerkonvent von Andechs, drei davon sind Patres. Einer der Patres arbeitet als Seelsorger in Erling und Machtlfing, ein anderer leitet als Cellerar den Wirtschafts- und Brauereibetrieb. Der Prior kümmert sich um die Wallfahrtsseelsorge und um das geistliche Leben im Konvent. Die drei Fratres arbeiten nach Kräften bei den mannigfachen Aufgaben des riesigen Unternehmens Andechs mit. Der Prior, Pater Benedikt, versichert, daß er keinen Alkohol trinke und sich vom großen Trubel im Bräustüberl möglichst fernhalte. Seine Aufgabe sieht er ganz in der geistlichen Betreuung der Wallfahrer. Da ist er allerdings froh, wenn der Massenansturm von Frühjahr und Sommer vorbei ist und endlich der ruhige Spätherbst kommt, wo die Zahl der Besucher deutlich abnimmt und im Advent auch in Andechs eine besinnliche Zeit einkehrt. Etwa 20 000 Wallfahrer und eine halbe Million Kirchenbesucher geben sich übers Jahr die Kirchentüre in die Hand. Besinnung fällt da nicht immer leicht und Pater Benedikt ist schon erleichtert, wenn wenigstens die Betrunkenen dem Gotteshaus fernbleiben. Vor der Kirche findet sich ein Hinweisschild, das unter anderem das Rauchen und das Mitnehmen von Bierkrügen ins Gotteshaus verbietet. Andechs bleibt fürwahr ein vielgesichtiges Phänomen, ein buntes Panoptikum von Heiligem und Unheiligem, von Abstoßendem und Anziehendem. Andechs ist eben auch ein Spiegelbild des Lebens.

Als Amper verläßt unser Fluß den Ammersee

Im Schatten der Klosterkirche Fürstenfeld

Von der Ammer zur Amper: ein Fluß ändert seinen Charakter

Der Ammersee, der die Amper bei Eching entläßt, hat nicht nur den Namen des Flusses, sondern auch seinen Charakter entscheidend verändert. Trug noch die Ammer – wie übrigens auch die Isar – alle Merkmale eines typischen Gebirgsflusses, der mit starkem Gefälle alpines Kalkgestein und Geröll mitführt, gradlinig dahinfließt und in seiner Wasserführung vom jeweiligen Stand der alpinen Schneeschmelze abhängig ist, so wirkt der Ammersee dermaßen beruhigend und ausgleichend auf den jungen Fluß, daß er als Amper kaum wiederzuerkennen ist. Alles Geschiebe und Gedränge ist nun von ihm abgefallen, statt Kies führt er lieber Ton und Lehm mit sich, umspült stark mäandrierend die Moos- und Hügellandschaften und läßt seines geringen Gefälles wegen an jeder Ecke Altwässer, Auwälder und Sumpflöcher entstehen. Diese landwirtschaftlich kaum nutzbaren Flecken gehören heute zu den ökologisch besonders schützenswerten Flächen des Ampertales. Ob dies nun die Auwälder vor dem Wasserkraftwerk von Dachau sind, diejenigen vor Ottershausen oder das Naturschutzgebiet Amperauen zwischen Haindlfing und Zolling im Freisinger Land – fast den gesamten Amperlauf entlang findet man die reizvollsten Biotope, Rückzugsgebiete für eine Fülle andernorts längst abgewanderter Tierarten: Kiebitze, Bekassinen, Brachvögel, Eisvögel, Baumpieper, Ringelnattern, Erdkröten, Biber

Vom Ammersee nach Norden gesehen

und Teichhühner. Darüber hinaus schwemmt das Amperwasser die Samen alpiner Flora bis zur Mündung des Flusses, was zu einer reizvollen Vermischung des Uferbewuchses führt. Freilich haben die Zeitläufte auch dem Ökosystem Amper schwere Schäden zugefügt. Der Fluß selbst ist von industriellen, gemeindlichen und landwirtschaftlichen Abwässern schwer belastet, seit Jahrzehnten müssen die Behörden jeglichen Badebetrieb strengstens untersagen. Monokulturen und Grundwasserabsenkungen in den anliegenden Mooslandschaften haben dazu beigetragen, eine Fülle von Pflanzensorten aussterben zu lassen. Regulierungen, Begradigungen und Befestigungen des Amperbettes haben dem Fluß seit dem 19. Jahrhundert viel von seiner ursprünglichen Lebensfülle genommen, allein im Landkreis Freising ist der Wasserlauf mittels vierundsechzig Durchstichen um fünfzehn Kilometer verkürzt worden! Freilich stellte die ausufernde, träge Amper mit ihren regelmäßigen Hochwassern immer wieder ein beträchtliches Gefahrenpotential für die Anwohner dar. So trat etwa im Jahr 1778 nach tagelangen, sintflutartigen Regenfällen der Fluß dermaßen über die Ufer, daß das gesamte Ampertal von Dachau bis Moosburg einem breiten See glich, Hunderte von Menschen obdachlos wurden und viele Todesopfer zu beklagen waren.

In der Wunderkammer des Grafen Rasso

Ein überaus reizvolles Moosgebiet, das Obere Moos nördlich des Ammersees, durchfließt die neugeborene Amper, ehe sie in Grafrath, der nächsten Station unserer Kulturreise, ankommt.
In der Wallfahrtskirche Zum Heiligen Rasso hier in Grafrath kann man eine wirklich kuriose Sammlung in Augenschein nehmen. Hoch über dem Altarraum des Gotteshauses hat sie ihren Platz, die »Wunderkammer« des Grafen Rasso. Was an anderen Pilgerstätten fein sorgfältig in Mirakelbücher und Wallfahrtsverzeichnisse notiert wurde, ist hier augenscheinlich zusammengetragen worden: überflüssig gewordene Krücken von geheilten Lahmen, alte Armprothesen, abgegangene Nierensteine (der Ort galt als Spezialwallfahrt für urologische Krankheiten), wächserne Votivgaben und eine ganze Wand voller

Votivtafeln in St. Rasso

farbenprächtiger, naiv gemalter Votivtafeln aus dem 18. und 19. Jahrhundert. Fast auf jedem Bildnis findet sich die Figur eines in Hermelin und Purpur gekleideten, auch geharnischten Mannes.
Wer war dieser waffentragende Heilige, der uns schon in der Historiographie von Andechs begegnete und dem das Vertrauen des Volkes in so außergewöhnlicher Weise zuflog? Graf Rasso oder – in anderer Schreibweise – Graf Ratho stammt nach alter Überlieferung aus dem Geschlecht der Grafen Dießen-Andechs. Zeit und Ort seiner Geburt sind ebensowenig bekannt, wie die genaue Einordnung in die Genealogie des adeligen Hauses. Von den Chronisten wird seine ungewöhnliche Körpergröße hervorgehoben, er soll zweieinhalb Meter gemessen und über außergewöhnliche Leibeskräfte verfügt haben. Was bietet sich bei solch hünenhaftem Aussehen eher an, als die militärische Laufbahn im Dienste Herzog Heinrichs von Bayern? Als Feldhauptmann errang Rasso 948 zwei Siege über die Ungarn. Anschließend soll er die Herzogin Judith auf einer Wallfahrt nach Rom und in das Heilige Land begleitet haben und dabei zahlreiche Reliquien mitgebracht haben. Die letzten Jahre seines Lebens aber zog sich der unverheiratete Kriegsheld mehr und mehr vom prunkvollen Leben eines angesehenen Landadeligen zurück und trat schließlich als Laienbruder in das Klösterchen Wörth, nahe seinem Herrensitz Rathenburg, ein.
Schon bald nach seinem Tod im Jahr 954 begannen sich Legenden und Wundergeschichten um seine Figur zu ranken und eine Wallfahrt zu seinem Grab in der kleinen Klosterkirche einzusetzen, die das ganze Mittelalter hindurch

Die Amper bei Grafrath

Wallfahrtskirche St. Rasso bei Grafrath

beständig zunahm und im Barock ihrem Höhepunkt zustrebte. So geschah es auch, daß der ursprüngliche Dorfname Wörth immer mehr in Vergessenheit geriet und man statt dessen vom Ort des hl. Grafen Ratho, kurz von Grafrath zu sprechen begann. Im Jahr 1468 ließ der Propst von Dießen die Gebeine des Verehrten in einem prächtigen Hochgrab, dessen Deckplatte heute noch erhalten ist, in der Mitte der Kirche beisetzen, bald darauf wurde das Heiligtum mit zahlreichen Ablässen ausgestattet, was wesentlich zur Ausbreitung der Wallfahrt beigetragen hat.
Heute betreuen einige Franziskaner den immer noch besuchten Pilgerort, aus einer alten Remise des Klosters ist ein Jugendgästehaus der katholischen Kirche geworden. Die Klosteranlage ist durch einen gedeckten Übergang mit der Kirche verbunden, der die belebte Bundesstraße 471 überbrückt.

Die Grabstätte Orlando di Lassos

Das sind die Überraschungen einer Fahrt durch touristisch kaum erschlossenes Gebiet: Mit Schöngeising durchqueren wir den langjährigen Wohnsitz des herzoglichen Obristkapellmeisters Orlando di Lasso! Herzog Wilhelm V. schenkte dem bedeutendsten Musiker der bayerischen Renaissance hier einen Landsitz mit großen Gartenanlagen. Es stand auf der Höhe der heutigen Brucker Straße Nr. 11. Der Grabstein des 1594 verstorbenen Komponisten und Kapellmeisters befindet sich in der St.-Johannis-Kirche des Ortes.

Noch weitere Sehenswürdigkeiten kann Schöngeising bieten: eine lange Zeit für eine römische Grenzmarkierung gehaltene »Heiligensäule« vor dem Pfarrhaus sowie Keltenschanzen, deutlich sichtbare Umwallungen keltischer Kultstätten, östlich des Ortes im Bernrieder Wald gelegen. Und wer motorisiert ist: ein Abstecher in das bäuerliche Heimatmuseum Jexhof ist ebenso zu empfehlen wie die Fahrt an der alten Augsburger Römerstraße entlang zur Wallfahrtskirche St. Willibald bei Jesenwang.

Im Bauernhofmuseum Jexhof

St. Willibald in Jesenwang

Das ehemalige Zisterzienserkloster Fürstenfeld

Wir begrüßen das kulturell wohl bedeutendste Bauwerk des Landkreises Fürstenfeldbruck von einem Höhenweg aus, der uns auf den Engelsberg führt. Die Bauten des Klosters Fürstenfeld liegen im Schutze der Anhöhe; nicht klein und anschmiegsam, sondern mächtig und voluminös, als hätte der Berg einen Bruder bekommen. Auch dieses Kloster ist ästhetisch eingebettet in seine Umgebung. Die Stadt Fürstenfeldbruck hat sich das Kloster keinesfalls einverleibt. In respektablem Abstand, mit vielen Grünanlagen dazwischen, bleibt das Kloster ein Gegenüber. Es zentriert den zerfließenden Ort von außen wie der Brennpunkt die Linse. Daran ändert auch nichts, daß das Kloster seit der Säkularisierung seiner ursprünglichen Bestimmung entfremdet ist. Daß heute nicht Mönche, sondern Fachhochschüler der Bayerischen Polizei die Gebäude beleben, ist ihnen nicht anzusehen. Architektonisch triumphiert die kolossale Klosterkirche über die Profanisierung ihrer Umgebung. Und die Ruhe und besinnliche Gelassenheit der dicken Klostermauern geben ihr recht. Es mag zeitlos wirken, doch der Blick in die Vergangenheit widerspricht. Ernst sei es um den Fortbestand der Kirche im Jahre 1803 bestellt gewesen: Hier auf dem Engelsberg, erzählt man sich, seien Kanonen auf die Kirche gerichtet gewesen, um sie in Schutt und Asche zu schießen. Fest steht, daß Kurfürst Max IV. Joseph sie zum Ziegelpreis verkaufen wollte, ungeachtet ihrer kunstgeschichtlichen Bedeutung. Ignaz Leitenberger, der Käufer des Klosters, nahm sich schließlich der Kirche an und verpflichtete sich zur Instandhaltung. Er ermöglichte sogar eine Fortsetzung des Klosterlebens. Da es ihm mit seiner industriellen Nutzung nicht eilte, ließ er die Mönche weiterhin dort bleiben. 1817 kaufte der Staat das Kloster zurück und richtete darin ein Invalidenhaus ein. Die Mönche mußten gehen. In die Klosterkirche, die 1816 zur Landhofkirche erklärt worden war, kam ein Kaplan, der fortan Seelenmessen für das Haus Wittelsbach lesen sollte. Grund für Bußwerke gab es genug. Geht doch schon die Entstehung des Klosters auf einen entsprechenden Anlaß zurück. Herzog Ludwig II. stiftete das Kloster 1263 als Sühne für die Hinrichtung seiner unschuldigen Gemahlin Maria von Brabant. Jähzornige Eifersucht hatte ihn zu diesem Mord getrieben. Da seine Reue bis zur tatsächlichen Gründung etwas abgekühlt war, vergaß er nicht, politisch-geographische Überlegungen für die Wahl des Klosterstandortes geltend zu machen. Der nahe Ort Bruck war für die wirtschaftliche Situation des Zisterzienserklosters entscheidend, da die Mönche auf einen Markt für ihre landwirtschaftlichen und handwerklichen Produkte angewiesen waren. Zudem erhoffte sich der Fürst eine Einflußnahme des Klosters auf den Ort Bruck, der zum großen Teil Reichslehen war. Seine Hoffnung sollte sich erfüllen. Bald gehörte dem vom Fürsten privilegierten Kloster der ganze Ort und umliegende Gebiete. Das Ansiedlerkloster wurde für die Brucker zum größten Arbeitgeber. Einfluß und Besitz des Klosters gingen weit über die nähere Umgebung hinaus. Doch blieb die Geschwisterschaft von Kloster und Ort maßgebend.

Geschwister streiten sich. Einflußbereiche werden abgesteckt. In diesem Falle hatten die Brucker des öfteren das Nachsehen. Das Wittelsbacherhauskloster saß meist am längeren Hebel, wie aus einer Rechtsstreitigkeit im Jahre 1429 hervorgeht: Ein Streit um Weiderecht auf einem Feld zwischen Markt und Kloster bewegte die Gemüter. Herzog Ernst von Bayern entschied den Streit zugunsten des Klosters. Über Rechtsstreitigkeiten unter den Brucker Bürgern entschied im Normalfall der Klosterrichter. Dieser vom Kloster bestellte Richter beurkundete die Rechtsgeschäfte der Bürger und übte in Delegation des Abtes die niedere Gerichtsbarkeit aus. Für eine selbständige Verwaltung der Bürger blieb da wenig Raum. Trotz dieser ungleichen Stellung der beiden Geschwister herrschte über weite Strecken friedliches Auskommen. Die vielschichtigen Verflechtungen wirtschaftlicher, politischer und seelsorgerischer Art förderten die Einsicht, daß sich Kloster und Markt gegenseitig brauchten. Als am besagten Tag die Kanonen auf die Klosterkirche gerichtet waren, war das keineswegs im Sinne der Brucker Bürger.

Bei soviel Standfestigkeit regt sich Interesse nach den Bewohnern dieser Gemäuer, nach der Art, wie sie dieses Haus mit Leben füllten. Die für Jahrhunderte hier lebenden Zisterziensermönche – möchte man sie nicht am liebsten selber befragen nach ihrer Lebensart? Warum eigentlich nicht? Schließen wir die Augen und stellen uns vor, langsam den Berg hinabzusteigen. Jeder Schritt bergab ein Schritt zurück in die Vergangenheit. Entlang der Backsteinmauer kommt ein Mönch in Arbeitskleidung. »Gott zum Gruße, ehrwürdiger Bruder, sagt,

Klosterkirche Fürstenfeld

ist dies ein Haus der Zisterzienser?« Der Mönch hebt sein zum Boden gewandtes Gesicht. »Ihr sagt es! Dies ist Kloster Fürstenfeld, zur Ehre Gottes und zum Heil der Menschen.« » Wir danken Euch für die Auskunft. Könnt Ihr uns noch den Weg weisen, wie wir zu Euerem Abt finden?« Er schüttelt den Kopf. »Das ist unmöglich! Ihr müßt zu einer anderen Zeit kommen. Abt Volkmar ist neu gewählt und hat alle Hände voll zu tun: Der Bau des Klosters, die Bewirtschaftung der Güter, die Festigung unserer Gemeinschaft . . .« »All das liegt in den Händen eines einzigen?« Er stutzt. »Wo mögt Ihr leben, da Ihr des Klosterlebens derart unkundig seid? Sehr wohl hat Gott dem Abt Helfer zur Seite gegeben, so den Prior, den Cellerar, den Bursar und den Konversenmeister . . .« »Verzeiht, ehrwürdiger Bruder, so war unsere Frage nicht gemeint. Uns interessiert, ob Euer Abt mit vergleichbarer Vollmacht ausgestattet ist wie etwa ein Abt der Benediktiner.« Dieses Stichwort wirkt. Bruder Clemens, so heißt er, hält jetzt an. Seine Aufmerksamkeit, erst nach vorne gerichtet, ist jetzt spürbar. Er winkt zur Seite, wo auf Steinen mehrere Birkenstämme liegen, eine provisorische Bank. »Liebe Freunde«, beginnt er feierlich, »es sind nun schon fast zwei Jahrhunderte vergangen, seit der selige Abt Robert von Molesme unseren Orden gegründet hat. Citeaux heißt unser erstes Kloster in Frankreich. Klöster nach der Regel des heiligen Benedikt gibt es schon viel länger. Lebte er, der Urvater der lateinischen Mönche, doch schon vor über siebenhundert Jahren. Seit seiner Zeit ist aber auch vieles dem Willen Gottes Entgegengesetzte geschehen. Viele Klöster sind bald von weltlichen Herren allzu abhängig geworden, die Disziplin im Kloster verkommen, zum Schaden vieler Seelen. Mit der Gründung des Zisterzienserordens ging es darum, die ursprüngliche ›regula benedikte‹ wieder strikt einzuhalten. Wir Zisterzienser tun das. Die Grundpfeiler unseres Lebens sind Gottesdienst, geistliche Lesung und Handarbeit. Und all das leben wir in der Gemeinschaft der Mönche, in der wir uns zu Armut und Keuschheit, stabilitas loci und Gehorsam gegenüber dem Abt verpflichtet haben.« »So seid ihr doch den Benediktinern sehr nahe!« werfen wir ein. »Unsere Disziplin ist besser und auch die Organisation des Gesamtordens ist anders. Unsere Klöster sind zwar eigenständig, aber miteinander verbunden. Jedes Kloster ist seinem Mutterkloster Rechenschaft schuldig. Das dämmt Verirrungen und Mißbräuche ein. Der Abt von Citeaux steht für die Wurzel des Stammbaumes. Er ist der Erste im Orden.« ›Also wie bei den Cluniazensern‹, könnte man meinen. Der Mönch scheint unsere Gedanken zu erraten und fährt fort: »Die Gründerväter, insbesondere der heilige Bernhard, haben es vortrefflich verstanden, das Seelenheil des einzelnen unter der Ordnung des Ganzen nicht zu vergessen. Citeaux ist nicht alles.« Dieses ausgewogene Selbstverständnis imponiert, doch fragen wir uns immer noch, wie der Alltag in diesen Gemäuern aussieht. »Jetzt aber sagt uns, Bruder Clemens, wie lebt ihr euere Regel hier an diesem Ort? Wie gestaltet ihr das ›ora et labora‹?« Er lacht. »Wie Ihr seht«, sagt er, während er einen Bausch seines Arbeitskittels ergreift, »hat ›labor‹ im Moment den Vorrang. Der Bau unserer Zisterze kostet noch viel Mühe. Und jetzt in der Erntezeit arbeiten alle Brüder auf den Feldern. Doch das soll Euch nicht täuschen. Gottesdienst und Chorgebet bilden das Herz unseres Tages. Der Tag der Mönche beginnt um ein Uhr nachts, da ist viel kostbare Zeit, den Herrn im Gebet anzurufen.« »Und ihr verdient den Lebensunterhalt selbst?« fragen wir erstaunt. »Wir Mönche arbeiten vor allem zur Rekreation des Geistes. Unsere Mitbrüder, die spät eingetretenen Konversen, haben sich dagegen vorwiegend der Handarbeit verpflichtet. Auch gibt es Lohnarbeiter, die unsere Felder bestellen. Noch ist die Gemeinschaft jung und keiner der vier Vorgänger unseres Abtes hat sein Amt bis zum Lebensende durchgestanden. Aber die Kraft unserer Gemeinschaft und auch die wirtschaftliche Leistungsfähigkeit des Klosters wächst.« Er schickt sich an, aufzustehen. »Gott zum Gruße«, sagt er sehr fröhlich gestimmt. Im Gehen: »Und wenn Ihr vorhabt, in einen Orden einzutreten, geht nicht zu den Benediktinern, meldet euch bei unserem Novizenmeister!«
»Gott zum Gruße«, hört man uns erwidern und sein Lachen klingt in unseren Ohren.
Nach dem phantastischen Ausflug in die Vergangenheit erwartet uns die Besichtigung der Klosterkirche. Entgegen den asketischen Traditionen des Ortes genehmigen wir uns erst noch eine Tasse Kaffee in der zentral gelegenen Klosterwirtschaft. Dort herrscht im Nebenraum schon Zecherstimmung. Der Stammtisch ist gut besetzt. Diese Hintergrundatmosphäre führt uns noch einmal in die alten Zeiten des Klosters. Wer mag wohl die riesigen Mengen Wein getrunken haben, die vom Kloster gekauft wurden oder aus zugehörigen Weinbergen stammten. In der Amtszeit des Abtes Balduin Helm (1690–1705), der den barocken Neubau der Klo-

steranlagen durchführen ließ, ist zum Beispiel der Kauf von Wein im Wert von immerhin vierunddreißigtausend Gulden nachgewiesen. Ein beachtlicher Besitz an Weinbergen im süddeutschen Raum ist schon für den Anfang des 14. Jahrhunderts bestätigt. Wenn die Klosterbewohner den Wein selber getrunken haben, mag dies zur »Auflockerung« der Weltabgewandtheit beigetragen haben. Doch muß man sich nicht allein klösterliche Weingelage vorstellen, wenn man bedenkt, daß neben der religiösen Bedeutung von Anfang an Handel, Wirtschaft und Politik das Kloster prägten. Bald nach den Gründerjahren war das Kloster zu Reichtum gelangt. Ein Höhepunkt der wirtschaftlichen Blüte wurde unter dem legendären Abt Martin I. Dallmayr (Amtszeit 1640–1690) erreicht. Ihm gelang es, den Konvent nach dem Dreißigjährigen Krieg zu konsolidieren und die Voraussetzungen für den barokken Neubau zu schaffen. Dieser Neubau wurde vom Kloster selbst finanziert. Als Vorzeige- und Familienkloster der Wittelsbacher wurde der Bau zwar von Kurfürst Max Emanuel ausdrücklich gebilligt und unterstützt, Geld jedoch war, bei der chronischen Finanznot dieses aristokratischen Staatsbankrotteurs, nicht zu haben. Im Gegenteil, er lieh sich hohe Summen vom Kloster, ohne sie zurückzubezahlen. Wirtschaftliche und politische Unterstützung gewährten sich Staat und Kloster im Laufe der Geschichte wechselseitig. Insofern war die Auflösung des Klosters 1803 recht kurzsichtig und brachte dem Staat auch nicht den erhofften Gewinn.
Nun endlich aber zur Kirche selbst: Die Fassade ist wuchtig. Der Eintritt in den kühlen Kirchenraum lenkt den Blick zunächst auf ein beeindruckend fein- und vielgestaltiges Schmiedegitter. Dieses phantastische Werk eines Kunstschmiedes läßt sogar den Ärger darüber vergessen, daß es uns zu gewöhnlichen Zeiten vom Hauptraum der Kirche trennt. Was sich dahinter auftut, führt unvermittelt zur Andacht: ein Orchester aus Farben und Formen, ausgebreitet in gewaltigem Raum. Da sind der Langhaussaal unter dem Tonnengewölbe, die Wandpfeilerbuchten mit den Seitenaltären, der eingezogene Chorraum mit dem Säulenaltar, die lichtdurchflutete Apsis. Der Raum strömt Musik aus. Es ist die vielgründige Musik eines unendlichen Orchesters. Die Vielzahl der gleichzeitigen Eindrücke ist so ineinander komponiert, daß Kontraste in Bewegung kommen, Linien fließen. Solche Wechselwirkungen finden sich in der Anordnung von Langhaus und Seitennischen. Der Richtungskontrast zwischen Quer- und Längsorientierung des Auges schafft Bewegung. Die pompösen Säulen geben einen Teil ihrer Wucht an den großen freien Raum des Langhauses ab. Der lebhaft unruhige Stuck fängt sich in den wohltemperierten Rottönen. Stuck und Deckenfresken fließen ineinander über, beziehen sich aufeinander in vollendeter Fröhlichkeit und mystischem Spiel. Viscardi und Ettenhofen waren die Baumeister. Die Gebrüder Asam und die Italiener Perti und Appiani schufen den Stuck und die Fresken. In den Grundzügen finden sich Anlehnungen an die Michaelskirche in München, im Ergebnis eine eigene vollendete Komposition verschiedener Stilrichtungen damaliger Zeit. Abt Balduin Helm begann 1700 den Bau, der sich mit Unterbrechungen bis 1736 hinzog. Die ebenfalls 1736 fertiggestellte Orgel von Johann Georg Fux ist die älteste noch diensttuende in Oberbayern. Glücklicherweise wurde nämlich die aus dem Jahre 1623 stammende Vorgängerin in die neue Orgel integriert. Wie mag sie geklungen haben? So prunkvoll wie die Ausstattung der Klosterkirche, so vielfältig war auch die Pflege der Musik damals. Gottesdienste mit Chor und Orchester waren an der Tagesordnung. Freilich klingt aus den Fundamenten der Kirche auch der schlichtere gregorianische Choral nach, der bis ins 17. Jahrhundert hinein die gotische Kirche erfüllte. Lassen wir ihn noch ein wenig in uns schwingen, ehe wir uns auf den Weg in die belebte Altstadt Fürstenfeldbrucks aufmachen.

Die ehemalige Niederlassung der Zisterzienser

Die Bruck bei Fürstenfeld

An kultureller und historischer Bedeutung hat das Kloster Fürstenfeld bis zur Säkularisation den benachbarten Ort Bruck um Längen übertroffen. Die Ursprünge der Amperbrücke, die diesem Flecken seinen Namen gaben, liegen weitgehend im dunklen. Vermutlich aber hängt ihre Errichtung mit der Salzstraße zwischen München und Konstanz zusammen, die unter Heinrich dem Löwen 1158 angelegt wurde. Heute ist Fürstenfeldbruck – die Namensverbindung erscheint erst ab der Wende vom 18. zum 19. Jahrhundert – eine geschäftige Kreisstadt mit sehenswertem Marktplatz. Darüber hinaus kann man sich an historischer Stätte den leiblichen Genüssen hingeben: Das traditionsreiche Café Brameshuber an der Hauptstraße ist das Geburtshaus des Königlichen Erzgießers Ferdinand von Miller, als dessen bekanntestes Werk die sechzehn Meter hohe Bavaria an der Münchner Theresienhöhe gilt. Im zarten Alter von neun Jahren war der kleine Ferdinand von Bruck aus in die Residenzstadt München gebracht worden, um bei seinem Onkel Johann Baptist Stiglmaier, dem Direktor der Königlichen Erzgießerei, eine Lehre zu beginnen. Und der junge Miller bewies Talent. Nach sorgfältiger Ausbildung und Bewährung wurde er 1844 nach dem Tod des Onkels von König Ludwig I. zu dessen Nachfolger ernannt. Der aufsehenerregende Guß der Bavaria begründete seinen weltweiten Ruf als Erzgießer. Unter anderem stammen auch die Germania am Niederwalddenkmal und das Goethe- und Schillerdenkmal in Weimar aus seiner Hand. In kurzer Zeit war Miller in München ein geachteter Bürger geworden. Als Mitglied des Gemeindekollegiums der Stadt München rettete er das Karlstor und das Sendlinger Tor vor dem Abriß, auf den Bau des Neuen Rathauses übte er wesentlichen Einfluß aus. Als Politiker der Zentrumspartei saß er in Land- und Reichstag.

Übrigens: das Café Brameshuber ist seit seinem Bestehen eine Brucker Institution. Seit mehr als hundert Jahren ist es im Besitz der Familie Brameshuber. Noch zu Beginn des Jahrhunderts, so erzählen alte Brucker Bürger, sei es üblich gewesen, daß Firmling und Firmpate nach dem bischöflichen Backenstreich zum »Brames« gingen und als Zeichen des Erwachsenwerdens einen Krug Met, gegorenen Honigsaft also, tranken.

Alte Uferpromenade in Fürstenfeldbruck

Unbekanntes am Straßenrand

Wer genügend Zeit hat – und das sollte der Kultur- und Kunstreisende immer haben – wird sich auf seiner Weiterfahrt in Richtung Dachau nicht der unfallträchtigen Bundesstraße 471 anvertrauen, sondern die alte Landstraße nehmen. Er wird belohnt durch einige überraschende, weil weitgehend unbekannte Entdeckungen. Das etwa dreihundert Jahre alte Schlößchen in Esting wäre da zu nennen, das, früher im Besitz der Estinger, der Preysinger und der Hechenkirchener, sich rustikal die Dorfstraße entlangziehend und schließlich in einem zwiebelhaubengekrönten Türmchen der Schloßkapelle Mariä Himmelfahrt mündet. Oder das gegenüber der

St. Peter und Paul in Olching

Kapelle in Geiselbullach

Schloßkapelle Esting

Neoromanisches Portal der Pfarrkirche Olching

St.-Johann-Nepomuk-Kapelle liegende, zweigeschoßige Schloß Geiselbullach, das noch von einer barocken Gartenmauer umgeben ist. Oder der Gutshof von Graßlfing, in dem zwischen 1872 und 1874 der Maler Wilhelm Leibl wohnte und in den nahen Moosgebieten seine Motive suchte. Eines seiner bekanntesten Werke, die »Dachauer Bäuerinnen«, ist hier entstanden. An der Stelle des heute etwas marode wirkenden Gehöftes stand übrigens schon im 12. Jahrhundert ein Gutshof, der später von Herzog Maximilian erworben und umgebaut wurde. Und schließlich sei noch hingewiesen auf die Olchinger Pfarrkirche St. Peter und Paul, eine neoromanische, monumental wirkende Basilika mit expressionistischen Wandmalereien des 20. Jahrhunderts.

Mit der »Mooskuh« vom Ammersee nach Olching

Es ist schon darauf verwiesen worden: Im Gegensatz zum Inn, zur Isar oder zum Lech war die träge, vielfach flach dahinfließende Amper nie ein wichtiger Verkehrsweg. Außer einigen bescheidenen Fischerbooten waren es nur die Holzflößer, die ihre Stämme vom Ammergebiet aus bis nach Moosburg hinuntertreiben ließen. Floßländen kennt man daher heute noch in Bruck, Dachau und Moosburg, doch an die aktive Zeit der Amperflößerei kann sich keiner der heute Lebenden mehr erinnern. Im Jahr 1980 erschien in der Brucker Lokalpresse eine Notiz über den neunzigsten Geburtstag des allerletzten Amperflößers Michael Schäufler aus Schöngeising. Eine Knochenarbeit sei es gewesen, so berichtete damals der rüstige Greis und gelernte Zimmermann, die schweren Stämme an den Schleusen vorbeizudirigieren. Und mehr als einmal sei er tropfnaß und verletzt nach Hause gebracht worden. Bis 1925 habe er seine Tätigkeit ausgeübt, in diesem Jahr sei auch das letzte Amperfloß an der Dachauer Floßlände abgeliefert worden. Flößerei ja – für die große Schifffahrt aber war die Amper nicht zu haben. Aber halt – von einer Ausnahme muß berichtet werden! Über sechzig Jahre lang bestand zwischen dem Ammersee und Olching eine Amperschiffahrt, eine Dampferverbindung, die in der Hauptsache Ausflügler, Sommerfrischler, Schüler und Pilger (Andechs, Grafrath) zu ihren Reisezielen transportierte. Schon seit 1878 hatte man mit dem kleinen Dampfschiff »Omnibus« probeweise begonnen, die Amper hinaufzufahren und tatsächlich konzedierte die königliche Regierung im Jahr 1880 eine ordentliche Verkehrslinie für das Dampfschiff »Maria Theresia«, das bis 1925 ihren gemächlichen Dienst tat und von der Bevölkerung liebevoll »Mooskuh« genannt wurde. Dabei hatte es nicht sehr ermutigend angefangen, mit Hohn und Spott war der Plan einer Dampferverbindung auf der Amper angenommen worden. So lautete ein Spottvers im Münchner Fremdenblatt vom 8. Mai 1880:

»Ob es biege oder breche
gilt's die Lände herzurichten,
daß fortan in Grafraths Fluren
Dampfschiff wird die Anker lichten.
Wenn dem neugetauften
Dampfschiff
schließlich wird versetzt die Lände,
hat es mit den Dampfschiffahrten
auf der Amper wohl ein Ende!«

Allen Unkenrufen zum Trotz: So schlecht und recht scheint sich der Betrieb der kleinen Fährverbindung offensichtlich doch getragen zu haben, denn als 1925 die »Mooskuh« wegen Altersschwäche verabschiedet wurde, wurde sie zuerst von der Barkasse »Olching«, dann von der »Stegen« abgelöst. Die letztere verkehrte dann noch bis zum 1. September 1939 fahrplanmäßig auf der Amper!

Torfhütte im Graßlfinger Moos

An den Altwassern der Amper

Herbstliche Stimmung bei Geiselbullach

Im Dachauer Land

Johann Michael Fischers Wirken rund um Dachau

Noch hat die Amper im Landkreis Dachau nur wenige Kilometer zurückgelegt, da erhebt sich ihr zur Linken auf einem breiten Moränenhügel schon ein erster kultureller Höhepunkt dieses Landstriches: die 1731 von Johann Michael Fischer entworfene Dorfkirche St. Johannes Baptist von Bergkirchen. 1692 im oberpfälzischen Burglengenfeld geboren, kam Fischer 1718 in die bayerische Haupt- und Residenzstadt München, um hier Anschluß zu finden an das große Kunsttreiben, das von dem prunksüchtigen Kurfürsten Max Emanuel nach Kräften geschürt wurde. Viscardi, Effner, Zucalli, Candid und viele andere verkehrten in dieser Zeit am kurfürstlichen Hof – Namen, die dem jungen Maurersohn Fischer in den Ohren geklungen haben mögen. 1724 kam er zum ersten Mal mit dem Dachauer Land in Berührung, zusammen mit seinem Meister Johann Mayr und Johann Baptist Gunetzrhainer wirkte er am Bau des Männerkonventes in Altomünster und an der Hofmarkskirche von Schönbrunn mit. Die Dorfkirche von Bergkirchen aber sollte sein erstes eigenständiges Werk im Dachauer Land werden. Die exponierte Lage, von der aus sich das gesamte Amper- und Maisachtal überblicken läßt, wurde schon seit Urzeiten als kultischer Ort genutzt. Es ist möglich, daß sich hier bereits zu Römerzeiten ein Gotteshaus befunden hat, das zur kirchlichen Keimzelle der ganzen umliegenden Region geworden ist. Schon 836 als Pfarrkirche erwähnt, führte die Inventarliste folgende Ausstattung auf: an vergoldeten Dingen ein Kreuz, einen Kelch, eine Krone, ein Kästchen, ferner einen zinnernen Kelch, eine Glocke aus Erz und eine aus Eisen. Dazu zahlreiche Meßbücher, Altartücher und Meßgewänder. Ein nicht unbegüterter Kirchensitz also. Aber zurück zum 18. Jahrhundert, als die Kirche zu klein wurde und man sich nach einem geeigneten Baumeister für ein neues Gotteshaus umsehen mußte. Die Pfarrei selber trat als Auftraggeber an Johann Michael Fischer heran, 1731 begannen die Arbeiten und nach und nach zeigte sich die geniale Konzeption des Baumeisters: ein bäuerlich-behäbiger Hauptraum wird durch geschickte Gesimsführung und Fensterstruktur hell, elegant, atmend. Ein Tonnengewölbe überspannt den achteckigen Gemeinderaum, den der alte, fein strukturierte Turm mit Satteldach weit überragt. Schon in diesem Frühwerk des »Münchner Paumaistern Fischer« – wie ihn der Vertrag mit der Pfarrei ausweist – wird sein architektonisches Grundanliegen deutlich: die Verbindung der schwebenden Eleganz des Rokoko mit der behäbigen Schwere der bäuerlichen Religiosität. Doch Bergkirchen sollte für Fischer nur Auftakt für eine glänzende Architektenkarriere sein, viel bedeutendere Aufträge warteten bereits: St. Michael in Berg am Laim erregte starkes Aufsehen, Dießen und Ingolstadt folgten. Schon 1739 gingen zwanzig bayerische Kirchenbauten auf sein Reißbrett zurück, ruhelos eilte er von Baustelle zu Baustelle. Den Impressionismus des Rokoko führte er immer neuen Höhepunkten zu, religiöse Symbolik und mythologische Allegorie verwandelten sich unter seiner Hand zu Stein. Ahnte der Rastlose bereits, daß mit seinem Leben auch die Epoche der Einheit von Architektur und Theologie sich dem Ende zuneigte? Im Dachauer Land kann man seine künstlerische Entwicklung studieren: nach seinem Frühwerk in Bergkirchen hat er in dem nur wenige Kilometer entfernten Sigmertshausen fünfzehn Jahre später eine kleine, mit Leben erfüllte Dorfkirche hinterlassen und sich schließlich als alter Mann 1617 noch an den Umbau der Klosterkirche der Birgittinnen von Altomünster gemacht. Dieses Spätwerk, dessen Fertigstellung Fischer nicht mehr erleben sollte, beschließt dann auch die gesamte Epoche barocker Kirchenbaukunst in Altbayern.

Seite 68:
Blick auf Bergkirchen

Brücke beim Gündinger Wehr

Das Gündinger Wehr

Das Kraftwerk Dachau vom Sandberg aus gesehen

Die Amper erreicht Dachau

Auf den Spuren des Ignatius Taschner

Zurück zum Lauf der Amper. Wer, von Bergkirchen kommend, die Fahrt in Richtung Dachau wieder aufgenommen hat, sollte es nicht versäumen, einen kurzen Abstecher nach Mitterndorf zu unternehmen. Hoch über dem Ampertal, wo unter ausladendem alten Baumbestand sich der alte Dorffriedhof um die St.-Nikolaus-Kirche drängt, bleibt der Blick an einem der ersten Grabmäler hängen, eines ungewöhnlich ausdrucksstarken Kruzifixes wegen. Schwer fällt der Kopf des Gefolterten bereits auf die Brust, die Gesichtszüge bleiben verdeckt, Arme und Beine verkrampfen sich qualvoll nach langer Agonie. In Bronze gegossene Anklage, Anfrage. Kein triumphierender oder entrückter Gottessohn, sondern ganz Mensch, ganz Leid, ganz Theodizee. Schon dem zufällig Vorübergehenden wird es deutlich: Diese Skulptur ist keine industrielle Massenware, wie sie geist- und seelenlos in tausendfacher Ausfertigung unsere Todesstätten füllt. Nein, in diese Figur hat einer seine eigene Klage hineingegossen, hat seinem Innersten, vielleicht seiner nahen Todesahnung sichtbare Gestalt verliehen.
Der Mann, der seit 1913 in dem Grab liegt, hat sich seinen Totenschmuck selbst entworfen: Ignatius Taschner, fast universell begabter Künstler, Bildhauer, Maler, Zeichner und Holzschneider. Und er war wohl der einzige, der dem eigenbrötlerischen und leicht verletzbaren Schriftsteller Ludwig Thoma eine lebenslange Freundschaft abgewinnen konnte. »Wer ihn kannte, verehrte ihn; wer ihm näherstand, liebte ihn. Zu Taschner konnte man sich aus Modetorheiten und Feuilletongeschwätz flüchten«. Diese Worte mußte der Dichter seinem Freund Taschner schon bald nachrufen, denn das Leben des unermüdlich Schaffenden ging bereits im frühen Alter von zweiundvierzig Jahren zu Ende. Die Totenmaske Taschners hängte Thoma neben seinem Schreibtisch auf. Es sei der schwerste Augenblick seines Lebens gewesen, schreibt er. Acht Jahre später wurde auch er zu Grabe getragen, auch seine letzte Ruhestätte in Rottach-Egern wurde mit dem Taschnerschen Kruzifix geschmückt, später noch der Grabstein des Simplicissimus-Zeichners Eduard Thöny.
Daß sich die letzte Ruhestätte Taschners in dem kleinen Mitterndorf vor Dachau befindet, kommt nicht von ungefähr. In einer fränkischen Handwerkerfamilie mehr schlecht als recht aufgewachsen, hatte es den künstlerisch höchst

Taschnergrab in Mitterndorf

Talentierten nach München gezogen, wo sich nach harten Anfangsjahren bald seine Karriere abzeichnete. Taschner schwamm auf der Erfolgswelle der Jugendstilbewegung. Für Schlösser und Kirchen fertigte er Steinmetzarbeiten, für die »Jugend« und den »Simplicissimus« lieferte er treffende Karikaturen, dazwischen arbeitete er ruhelos an Glasfenstern und Mosaikreliefs. Nachdem seine Werke in der Münchner Secession Aufsehen erregt hatten, wurde ihm eine Professur an der Kunstakademie in Breslau angeboten. Zögernd nahm der heimatverbundene Künstler den Ruf an, plante gleichzeitig aber, in Mitterndorf langfristig sein Domizil zu errichten. 1907 kaufte er hier ein riesiges, von einem mächtigen Hügel beherrschtes Grundstück und komponierte dahinein eine stattliche, aber ungemein harmonische Jugendstilvilla mit Ateliergebäude. Die gesamte Architektur, aber auch jedes handwerkliche Detail, jede Türklinke, jede Ofenkachel oder Mauerverzierung entsprang seinem Zeichenblock. Dachauer Handwerker erzählten noch lange von den Anforderungen, die der Bau und sein Bauherr an sie gestellt hatte. Viele der alten Arbeitstechniken hatte ihnen erst Taschner selbst in seiner bescheiden-freundlichen Art wieder beibringen müssen. Doch das Werk sollte nicht mehr vollendet werden. Noch ehe die letzten Handgriffe getan waren, erlag der so zart und zerbrechlich wirkende Künstler einem Herzversagen.
Die Taschnervilla aber, heute leider privat genutzt und der Öffentlichkeit nicht zugänglich, hat die Zeiten unbeschadet überstanden. Innerhalb weniger Minuten vom Friedhof aus erreichbar, kann man sich wenigstens von der Ferne an ihrer geschmackvollen Ästhetik erfreuen.

Abendstimmung bei Mitterndorf

Auf dem Weg zum Dachauer Schloßberg

Wie jede Stadt, so sollte man auch Dachau auf dem Weg zum berühmten Wittelsbacherschloß zu Fuß erkunden. Zum einen kann man kaum in die Irre gehen – die Residenz markiert den allerhöchsten Punkt des Dachauer Altstadtberges –, zum anderen ist der Weg gesäumt von reizvollen Bürgerhäusern, behäbigen Brauereigasthöfen und anderen historischen Sehenswürdigkeiten. Das Geschäftshaus des ehemaligen Schneidermeisters Max Rauffer zum Beispiel, in dem der als Advokat nicht überaus erfolgreiche Ludwig Thoma genügend Zeit fand, seine ersten schriftstellerischen Gehversuche zu wagen. Oder die Stadtpfarrkirche St. Jakob, wo nur mehr der quadratische Unterbau des prägnanten Glockenturmes und eine kleine, steinerne Wendeltreppe, »Schnecke« genannt , noch an die spätgotische Kirche erinnern, die 1624 dem heutigen Spätrenaissancebau weichen mußte. St. Jakobus, dem spanischen Nationalheiligen und Patron aller Pilger geweiht, ist eine dreischiffige Hallenkirche, die nach den Plänen des Weilheimer Bildhauers und Architekten Hans Krumpper entstand, der unter anderem auch das bronzene Standbild der »Patrona Boiariae« an der Münchner Residenz schuf. Und schließlich darf man einen Besuch im Dachauer Bezirksmuseum nicht versäumen, wo einem ein tiefer Einblick in die bürgerliche und bäuerliche Kulturgeschichte des gesamten Dachauer Landes gewährt wird.

Wechselvolle Geschichte einer herzoglichen Residenz

Wer heute von den Sommerresidenzen der Wittelsbacher spricht, meint in der Regel die vielbesuchten Schlösser Nymphenburg und Schleißheim. Das war nicht immer so. Bis weit in das 17. Jahrhundert hinein galt die vierflügelige, burgähnliche Anlage zu Dachau als bevorzugter Rückzugsort der Mitglieder des bayerischen Herzogshauses. Auf exponierter Lage mit herrlichem Fernblick über das gesamte Alpenvorland gelegen, beherbergte der aus dem 16. Jahrhundert stammende Renaissancebau in seinen über hundert Zimmern Mätressen, adelige Festgesellschaften und Jagdfreunde aus ganz Europa. Mehrere tausend Ölgemälde dokumentierten dem staunenden Publikum die langen Ahnenreihen der Wittelsbacher. Doch mit zunehmender Repräsentationsfreude und Großmannssucht des bayerischen Herrscherhauses begann der Glanz der Amperresidenz zu schwinden. Da half auch nicht, daß Max Emanuel die Anlage zwischen 1715 und 1717 von dem in Dachau gebürtigen Hofbaumeister Joseph Effner nach französischen Vorbildern barockisieren ließ, daß nun plötzlich Treppenvestibüle und Terrassenplätze, verspielte Ornamente, Rocaillien und Gesimse das bisher streng geometrisch gegliederte Bauwerk auf den gegenwärtigen Stand feudalen Zeitgeschmacks bringen sollte. Nein, die neue Kurfürstenwürde forderte den Bruch mit der biederen Vergangenheit der Ahnen, forderte auch in bayerischer Umgebung die Anlehnung an das große Vorbild Versailles, wo der eitle Sonnenkönig über das architektonische Epigonentum in ganz Europa nur lächeln mochte. Das alles konnte Dachau nicht leisten, dazu war die alte Anlage zu schlicht, zu wehrhaft, zu nüchtern. In rasender Eile wurden dagegen die Mauern von Nymphenburg und Schleißheim hochgezogen, die Staatskasse war längst ruiniert, während das Volk seit den Tagen des Spanischen Erbfolgekrieges ausgeblutet und elend dahinlebte. Kaum mehr nutzten die Mitglieder des kurfürstlichen Hauses ihr Besitztum in Dachau, immer seltener konnte man schwere Pferdegespanne die goldbeschlagenen Kutschen und Kaleschen den steilen Schloßberg hinaufziehen sehen. Das 19. Jahrhundert schließlich sollte den Tiefststand in der Geschichte der ehemals stolzen Herzogsresidenz bringen. Französische Truppen hatten im Gefolge der Napoleonischen Kriege auch den Markt an der Amper besetzt und die weitgehend leerstehenden Räume des Schlosses kurzerhand zu Lazarettsälen, Viehställen und Waffenkammern umfunktioniert. Daß sie – trotz der windschlüpfrigen Wetterfahnenpolitik der Wittelsbacher, die Bayern eine im Grunde anachronistische Königswürde einbringen sollte – mit dem restlichen Inventar des Landsitzes nicht zimperlich umgingen, liegt auf der Hand. Kurzum – nach Abzug der Truppen war das Schloß Dachau weitgehend ruiniert, an einen Wiederaufbau bei dem erbärmlichen Stand der Staatsfinanzen nicht zu denken, und so kam es, wie es kommen mußte: König Max I. Joseph erteilte 1806 die Order zum Abriß von drei der vier Gebäudeflügel. Monatelang zogen daraufhin die Ochsenkarren den Berg hinauf, um aus dem Abbruchmaterial Steine für die entstehenden Mooskolonien Augustenfeld und Karlsfeld abzutransportieren. Lediglich der Saaltrakt mit der hölzernen Renaissancedecke sollte erhalten bleiben, aber auch dies unter ganz und gar unhöfischen Bedingungen: das ganze 19. Jahrhundert hindurch wurde dieser Trakt vom Markt Dachau als Getreidespeicher und Viehstall genutzt! Heute nun spiegelt der Saal wenigstens einen Hauch der einst prachtvollen Vergangenheit wider, seit er in der jüngsten Vergangenheit sorgfältig restauriert worden und zusammen mit den anliegenden Gartenanlagen – 1716 wurde der barocke Hofgarten, 1790 dann der Englische Garten angelegt – zu einem Anziehungspunkt der Dachauer Altstadt geworden ist.

Die Altstadt von Dachau mit seinem Wittelsbacherschloß

Renaissance-Kassettendecke im Schloß Dachau

Abenteuerliche Wanderschaft einer Renaissancedecke

Daß einem historischen Gebäude im Lauf der Jahrhunderte gewisse Bestandteile abhanden kommen – Mobiliar, Kunstwerke, Öfen, Türen – ist durchaus nicht ungewöhnlich, eher schon die Regel. Daß aber eine immerhin zweiundzwanzig Tonnen schwere Festsaaldecke ihren angestammten Ort verläßt, sich in fremden Händen durch die Wirren der Zeit schlägt und nach mehr als einem Jahrhundert den Weg zur Geburtsstätte zurückfindet, gehört – obgleich es einige wenige Parallelen in Österreich und Südtirol gibt – schon zu den Absonderlichkeiten altbayerischer Geschichtsschreibung.
Es geht um den von dem Münchner Hans Wissreither um 1565 geschaffenen, außergewöhnlich prachtvollen Renaissanceplafond des Dachauer Schloßsaales. Er gilt heute als eines der frühesten Beispiele italienisch geprägter Renaissancebaukunst nördlich der Alpen und mit seinen über vierhundert Quadratmetern als größte Kassettendecke Deutschlands.
Repräsentation, das war das Zauberwort höfischer Innenarchitektur, und in der Tat heben sich erwartungsvoll die Blicke aller Besucher in die Höhe, sobald sie den von Herkules mit dem dreiköpfigen Höllenhund Cerberus bewachten Saaleingang durchschritten haben. Die Decke strahlt gleichzeitig Ruhe und Ordnung, als auch Kraft und Bewegung aus. Das statische Moment entspringt ihrer streng symmetrischen Gliederung, das Dynamische wird wohl durch ihre außergewöhnliche Plastizität hervorgerufen – immerhin mißt ihre Tiefe bis zu eineinhalb Meter! Im wesentlichen aus lasiertem, teilweise vergoldetem Ahorn-, Eichen-, Linden- und Tannenholz gefertigt, beherrscht ihr kräftiges, lebhaftes und doch harmonisches Farbenspiel vollkommen die Raumatmosphäre. Die beiden Deckenabschnitte werden von einem breiten Rahmen eingefaßt, der sich aus ornamentierten Feldern zusammensetzt. Gleichsam als Edelsteine wurden daran sieben geschnitzte, leuchtend farbige Wappenschilder angebracht. Sie beziehen sich auf die Bauherren des Schlosses sowie auf wichtige Ahnherren des Hauses Wittelsbach. Das Wappen im Zentrum der Decke – in Gold ein doppelköpfiger, rot bewehrter, schwarzer Adler mit den silbernen und blauen bayerischen Rauten – ist eine demonstrative Huldigung an Kaiser Ludwig den Bayern (1282–1347), der zu dieser Zeit als der vornehmste Vertreter dieses Fürstenhauses galt.
Aber zurück zur eingangs erwähnten, abenteuerlichen Wanderschaft dieser »braunen Decke von geschnittener Kistlerarbeit«, diesem »Meisterstück altdeutscher Mühe und Kunst«, wie sie Lorenz von Westenrieder im Jahre 1791 genannt hat. Wer sie so in ihrem heutigen Zustand, leuchtend, massiv und organisch mit dem Raum verwachsen, sieht, vermag wohl nicht zu verstehen, wie man im Jahr 1868 dem Gedanken verfallen konnte, sie Stück für Stück abzutragen und nach München zu schaffen. Aber man möge sich vorstellen: das Dachauer Schloß war in den Augen der Wittelsbacher nur mehr eine Ruine seiner selbst, zu drei Vierteln bereits abgerissen, der Rest als Scheune benutzt, alles voller Staub, Feuchtigkeit und Ungeziefer! Und auf der anderen Seite die Residenzstadt! Aufstrebend, mit ehrgeizigen kulturellen Ambitionen zieht sie alles an sich, was in ihren Augen künstlerischen und antiquarischen Wert besitzt.
In der Maximilianstraße wird das Bayerische Nationalmuseum gegründet, und ebendorthin wird auch das Dachauer Deckenwerk verfrachtet, wo es zumindest in Fragmenten besichtigt werden kann. Dreißig Jahre gehen auf diese Weise ins Land, da wird das doch größtenteils in den Kellerräumen vermodernde Gehölz wieder aus seiner Ruhe aufgeschreckt und in die Prinzregentenstraße, dem neuen Domizil des Nationalmuseums, gebracht. Hier nun erhält es einen würdigeren Rahmen, in einem »Dachauer Saal« kann es fast vollständig der Öffentlichkeit zugänglich gemacht werden. Endstation der mühevollen Reise? Mitnichten! Die beiden Weltkriege hat sie zwar fast unbeschadet überstanden, doch muß 1946 das Museumsgebäude an der Prinzregentenstraße geräumt werden, die Decke wird wiederum zerlegt, abmontiert und verpackt. Nach Schloß Nymphenburg geht diesmal die Reise, aber nicht zu neuen Ehren in die kurfürstlichen Prunksäle, nein, in den feuchten Lagergewölben bleiben die Kisten ungeöffnet stehen und das endgültige Schicksal des fast vierhundertjährigen Kunstwerkes scheint besiegelt. An eine Rückführung nach Dachau ist zu dieser Zeit nicht zu denken, dort hat man sich seit 1913 mit einer auf Leinwand gemalten Kopie der alten Decke beholfen, die man auf einen notdürftigen Bretterplafond genagelt hat.
Erst zu Beginn der siebziger Jahre sollte der märchenhafte Dornröschenschlaf der Holzteile wieder gestört werden. Immer häufiger inspizierten nun Fachleute die alten Trümmer, klopften sie ab,

begannen sie zu vermessen und Materialproben zu entnehmen. Was war geschehen? In Dachau wollte man nicht mehr länger die provisorische Leinwanddecke über den Köpfen hängen sehen, man wollte endlich das Original wieder zurückhaben, als dessen eigentlicher Besitzer man sich sah. Skeptisch waren die Blicke der Sachverständigen, als sie solches Ansinnen vernahmen. Würde sich das immer wieder zerlegte, unsachgemäß gelagerte Deckenmaterial jemals in einen akzeptablen Zustand zurückführen lassen? Würde man es wieder zusammenfügen können? Würde die Statik des alten Schlosses einen Einbau überhaupt zulassen? Bedenken über Bedenken! Und so sollte es auch fast ein Jahrzehnt dauern, bis sie alle überwunden waren, bis die alte Renaissancedecke wieder der Bestimmung zugeführt werden konnte, für die sie einst bestimmt worden war. Es möge dies ihre letzte Reiseetappe gewesen sein, man wünscht es ihr von Herzen!

Dachaus Künstlerkolonie der Jahrhundertwende

Wenn auch die Bedeutung Dachaus als Künstlerort heute bisweilen ein wenig übertrieben wird, so ist es dennoch nicht zu leugnen: gegenüber den etwa zwanzig Künstlerkolonien, die in Deutschland im 19. Jahrhundert entstanden, braucht sich auch die Dachauer Kunstgeschichte nicht zu verstecken. Allein Darmstadt und Worpswede können wohl verbuchen, den Dachauern den Rang abgelaufen zu haben. Über ein Jahrhundert lang prägte die lebendige Tradition der Künstlerkolonie das Gesicht des Marktes, mehrere hundert Maler, Zeichner, Grafiker und Bildhauer haben hier – kürzer oder länger – gearbeitet, haben Atelierhäuser erbaut. Malschulen gegründet und sich zur Künstlervereinigung Dachau zusammengeschlossen. Ausgangspunkt dieser Bewegung war ein neuer Trend im künstlerischen Empfinden des späten 19. Jahrhunderts: die jungen Maler vor allem hielt es nicht mehr in ihren Ateliers, wo ihre Väter bisher, zurückgezogen von der Welt, ihre Bilder – mehr nach der Phantasie als nach der Natur – geschaffen hatten. Alt, muffig und steif erschien dem künstlerischen Nachwuchs diese Schaffensweise, mit Pinsel und Palette zog man hinaus in die freie Landschaft, um sich Motive und Stimmungen unter offenem Himmel zu suchen. Freilichtmalerei – so hieß das Zauberwort der Stunde.

Die einsame Landschaft des Dachauer Mooses, ein Niedermoorgebiet, das sich von Fürstenfeldbruck bis weit in das Freisinger Land hinein an der Amper entlangzog, begann zunehmend die Künstler zu inspirieren. Was den Malern und Zeichnern atemberaubende Impressionen zu bieten vermochte, war für die armseligen Moosbauern indes eine harte, oft genug feindlich gestimmte Arbeitswelt. So nimmt es nicht Wunder, daß man schon zu Beginn des 19. Jahrhunderts daran gegangen war, Entwässerungsgräben durch sumpfige Moorwiesen zu ziehen, Wege zu befestigen und knorrige Feldgehölze niederzubrennen. Obwohl also das Dachauer Moos zur Zeit der Künstlerkolonie längst nicht mehr jene unwirtliche, völlig menschenleere Landschaft war, die sie über Jahrhunderte gewesen sein muß, erschien die prächtige Tier- und Pflanzenwelt, die Weite des Raumes und die fast mythischen Nebelstimmungen den aus den Städten kommenden Malern märchenhaft und unwirklich. So schrieb der im Jahr 1908 nach Dachau gekommene Maler und Holzschneider Carl Thiemann in seinen Erinnerungen:

»Das Moos war zu allen Jahres- und Tageszeiten von wunderbarer Schönheit. Wenn man über den Ascherbach ins Batzenmoor hineinkam, erhoben sich plötzlich Tausende von Kiebitzen und die Luft war erfüllt von dem ständigen Kiwi-Geschrei der Vögel, die als große Flugkünstler aufstiegen und in kühnen Sturzflügen ihr Können zeigten. Das Geschrei verfolgte einen so lange, bis man außer Sicht der Vögel war, dann trat wieder völlige, gespenstische Stille ein. Die Fauna des Mooses war ebenso reich, wie seine Flora. Man sah alle Arten von Geflügel, wie Wildenten, Birkhühner, Fasane, Rohrdommeln, Fischreiher, nicht zu vergessen die Störche, ferner ganze Rudel von Rehen und anderem Wild. Die Wiesen zwischen den Torfstichen glichen mit ihrer alpinen Flora farbigen

Teppichen. Große Farbflächen ergaben sich im Frühling durch den kleinen kobaltblauen Enzian, die Goldaurikel, die Mehlprimel, die Kreuzblume, das Adonisröschen. Später folgte der stengellose, dunkelblaue Enzian und im Herbst erschien noch eine dritte Enzianart mit violetten Blüten. Da waren dann auch noch weite Strecken leuchtend rostroten Sauerampfers, von den verschiedensten Grassorten ganz zu schweigen. Da und dort leuchteten Birkengruppen mit ihren weißen Stämmen auf. Das Bild wurde noch durch die malerischen, in ihrer Form immer wieder wechselnden Torfhütten und durch den Ausblick auf die schöne Silhouette des auf den Hügel ruhenden, alten Ortes harmonisch abgerundet. Das geradezu Geheimnisvolle dieser eigenartigen Landschaft aber lag in ihren reichen atmosphärischen Stimmungen, etwa bei Föhn, Gewittern, Sonnenauf- und -untergängen. Befreiend wirkte der große Weitblick, an manchen Tagen bis hin zur Alpenkette«.

»Die Luft hier ist eine rechte Malerluft, das Licht ein wahres Malerlicht« – so stimmte auch der Münchner Kunsthistoriker und Schriftsteller Wilhelm Hausenstein in das Loblied auf das Dachauer Moos ein. Dem heutigen Naturfreund packt bei solchen Worten leise Melancholie, denn längst sind die eigentümliche Flora und Fauna des Dachauer Mooses zerstört, Entwässerungen und Kultivierungen haben auf den einst unwirtlichen Sumpfwiesen landwirtschaftliche Monokulturen entstehen lassen. Mais- und Kartoffeläcker bestimmen das Bild, wenn nicht gar, von den größeren Orten ausgehend, triste Industriegebiete aus dem nach wie vor pechschwarzen Boden gewachsen sind.

Dagegen vor eineinhalb Jahrhunderten! Einer der ersten Künstler, der die Landschaft zwischen Amper und Würm im Norden Münchens entdeckte, war der Königlich-Bayerische Galeriedirektor und spätere erste Professor für Landschaftsmalerei an der Münchner Akademie, Johann Georg Dillis, der bereits 1834 Dachauer Landschaften aquarellierte. Erst zwanzig Jahre später wurden die Anregungen Dillis' von einem Quartett befreundeter Maler aufgegriffen, die es von nun an immer häufiger nach Dachau

Gemäldegalerie Dachau

zog. Die Rede ist von Christian Morgenstern – Großvater des bekannten Dichters –, Eduard Schleich, Dietrich Langko und Carl Spitzweg. Der zu dieser Zeit noch wenig bekannte Spitzweg, der mit Vorliebe das kleinbürgerlich-behäbige Leben alter Märkte und Städte thematisierte, erhielt in Dachau viele Anregungen für seine Arbeit.

Zwei weitere Namen müssen genannt werden, wenn es darum geht, den Entstehungsweg der Dachauer Künstlerkolonie nachzuzeichnen: Adolf Lier und Wilhelm Leibl. Dem geborenen Dresdner Lier kommt das Verdienst zu, die in Paris entwickelten theoretischen Grundlinien der modernen Landschaftsmalerei nach München übertragen und an eine ganze Reihe Schüler weitervermittelt zu haben.

Waren es in den Jahren zwischen 1840 und 1880 in erster Linie Landschafter gewesen, die der stimmungsvollen Motive wegen immer wieder das Dachauer Land besuchten, so änderte sich die Situation in den achtziger Jahren deutlich. Nicht mehr ausschließlich Maler fanden sich nun in der immer größer werdenden Schar von Künstlern, sondern auch Holzschneider, Bildhauer, Grafiker und Porträtmaler. Und das Wesentliche: die ersten Künstler wurden in Dachau seßhaft. »O mei, auf oamoi sans dagwen, wia d' Schwammerl sans aufganga, unta jedm Baam is oana g'hockt . . . « so soll eine alte Dachauer Bäuerin geseufzt haben, als man sie nach den Anfängen der Künstlerkolonie befragte. Das größte Aufsehen erregte indes nicht der männliche, wenn auch noch so exzentrisch sich gebende Teil der Dachauer Künstlerschaft, sondern die wenigen Künstlerinnen, die sich hier niederließen. In langen wallenden Gewändern sind sie noch auf alten, längst vergilbten Photographien zu bewundern, mit breiten federgeschmückten Hüten, nicht selten gar zigarre- oder pfeiferauchend. Die Dachauer nannten sie ein wenig despektierlich »Malweiber« und verfolgten das Privatleben dieser oftmals allein lebenden Damen mit Neugier und Skepsis. Wie der Schwede Carl Olof Petersen berichtete, war die Gegend in den Sommermonaten vom malenden Nachwuchs dermaßen überlaufen, daß sich an manchen Stellen in der Natur geradezu Warteschlangen bildeten. Viele Motive wurden so oft gemalt, daß die Herren Professoren vor Überdruß an dem ständig wiederkehrenden Bild die Korrektur verweigerten.

Trotz der enormen Dynamik, die die Künstlerkolonie in diesen Jahren entwickelte, hat sich eine exakt definierbare »Dachauer Schule«, eine nur in Dachau gepflegte Stilrichtung nicht herausbilden können. Zu nahe war die Großstadt München, deren Kunstbegriffe und Modetrends immer das Geschehen in ihrem näheren Umkreis beeinflußten. Darum fällt es schwer, aus den vielen Hunderten von Namen und Biographien, die mit Dachau verbunden sind, einige wenige exemplarisch herauszugreifen. Ein Versuch ohne Gewähr auf Vollständigkeit sei dennoch gewagt: Heinrich von Zügel, Robert von Haug, Bernhard Buttersack und Otto Strützel werden zur führenden Schicht Dachauer Künstler ebenso zu rechnen sein wie Lovis Corinth, Leopold von Kalckreuth, Eugen Kirchner, Max Liebermann, Ludwig von Herterich, Max Slevogt, Ignatius Taschner, Otto Wirsching und Fritz von Uhde. Im Jahre 1890 schließlich kam Adolf Hölzel nach Dachau und bildete zusammen mit seinen Freunden Ludwig Dill und Arthur Langhammer einen Künstlerkreis, der unter der Bezeichnung »Neu-Dachau« ebenfalls internationale Beachtung erfahren sollte.

Eine schwere Zäsur fügte der Ausbruch des Ersten Weltkrieges der Dachauer Künstlerkolonie zu. Viele ihrer Mitglieder verloren ihr Leben in den Schützengräben, andere kehrten in ihre Heimat zurück, nur wenige blieben Dachau treu. Wenn auch noch später einzelne Künstler zu hoher Meisterschaft gelangten – exemplarisch seien Hermann Stockmann, Carl Thiemann, Oskar Mirwald und Walter Klemm genannt – so markierte zumindest die Zwischenkriegsphase doch das Ende einer homogenen Künstlerkolonie Dachau.

Christophorusfigur auf der Amperbrücke

Ein Ort der Erinnerung am Rande der Amper

Flüsse haben auf die Menschen seit jeher eine starke Symbolkraft ausgestrahlt. In mythologischen Epochen sah man darin den bevorzugten Wohnsitz von Flußgottheiten und Dämonen. Wir Heutigen vergleichen den unaufhaltsam dahinströmenden Flußlauf mit unserem Lebenslauf, mit den Tiefenströmungen unseres Unbewußten. Dem Lauf eines Flusses zu folgen, heißt, dem Schicksalslauf seiner Anwohner zu folgen, heißt, dem Heiteren, Anregenden und Erbaulichen sich auch neben dem Abgründigen des Menschseins auszusetzen. Im Fall Dachau bedeutet das, sich von der Amper nicht nur zur Betrachtung der reichen Kunst- und Kulturszene verführen zu lassen, sondern auch das zur Kenntnis zu nehmen, was in ihren Auen vor den Toren der Stadt an Schrecklichem geschah: der Terror des nationalsozialistischen Konzentrationslagers. Wer seinen Gedanken und Erinnerungen an die entsetzlichen Geschehnisse dort bei einer einsamen Wanderung nachspüren will, der möge sich auf den parkähnlich angelegten Friedhof »Leitenberg«, nahe dem Stadtteil Etzenhausen begeben. Ein einsamer Ort, ohne Aggressivität, aber getränkt von abgrundtiefer Traurigkeit. Das Begehen eines Berges trägt immer tiefe, metaphysische Symbolik in sich. Hier wird sie mit Händen greifbar, hier ist gut Zwiesprachehalten mit den Toten, deren Lebensweg in der Vernichtung endete. Unter schattigen Laubbäumen schlängelt sich der Weg die Anhöhe hinauf, begleitet von vierzehn rohbehauenen Marmorblöcken aus Padua, die von dem Veroneser Bildhauer Vittorio di Colbertaldo mit Kreuzwegreliefs versehen wurden. Die südländische Herkunft dieses Aufstieges ist kein Zufall, führt der Steig doch direkt zum runden Kuppelbau der italienischen Gedächtniskirche »Regina Pacis«, die, stilistisch der Neo-Renaissance nahe, zum Gedenken an alle italienischen KZ-Opfer 1963 eingeweiht wurde. Den weißen Marmor aus Candoglia, der die Votivkapelle bei schönem Wetter weit nach Dachau hinein leuchten läßt, hatte damals der Mailänder Kardinal Montini gestiftet. Weiter führt uns der Weg in den von einer Mauer aus Nagelfluh umsäumten Ehrenfriedhof für die Opfer des Konzentrationslagers, in dem über siebentausend, größtenteils unbekannte Tote aller Nationalitäten ruhen. Den Mittelpunkt des Gräberfeldes bildet ein markantes Holzkreuz mit Votivtafeln des Münchner Bildhauers Klaus Backmund, die bekannte Märtyrer der christlichen Kirche zeigen. Korrespondierend dazu die bronzene Gedenktafel mit der Inschrift: »Gewalt stahl lieblos Leben und Recht.
Hör uns, oh Pilger, sag's Deinem Volk:
Sei Du der Liebe treuer Knecht!«
Hinter dem Ehrenfriedhof schließlich erhebt sich nüchtern die Gedächtnishalle, ein achteckiger, turmartiger Bau, der im Inneren die Embleme aller Nationen birgt, die Opfer im Konzentrationslager Dachau zu beklagen haben. »Ex tenebris ad lucem« – aus der Dunkelheit in das Licht –, diese Mosaikinschrift im Boden tritt dem Betrachter vor Augen, wenn er aus dem halbdunklen Innenraum wieder ins Freie tritt.

Kapelle Regina Pacis auf dem Leitenberg

Amperverzweigung bei Hebertshausen

Amalie Hohenester, Doktorbäuerin und Kurpfuscherin von Mariabrunn

Wir haben uns wieder auf den Weg gemacht und sind in Ampermoching angelangt, einem der vielen Orte, dem der Fluß seinen Namen geliehen hat. »Amalie Hohenester, Doktorbäuerin zu Mariabrunn (1826–1878)« – in altmodischen Lettern steht es auf dem weißen Grabstein gleich am Eingang des alten Friedhofs geschrieben. Mariabrunn, dem Freund altbayerischer Gemütlichkeit vielleicht als Biergarten bekannt, könnte man von diesem Gottesacker aus mit dem bloßen Auge sehen, würde da nicht ein langgezogener, teilweise mit Nadelwald bedeckter Moränenrücken die Sicht versperren. Mariabrunn, dieser in den Sommermonaten vielbesuchte Ausflugsort, als Wirkungsstätte einer geheimnisvoll, wenn nicht gar zauberisch waltenden Kurpfuscherin? Sollte das nicht einen kleinen Seitensprung weg vom Lauf der Amper rechtfertigen? Es sollte durchaus, denn das Leben und Wirken dieser resoluten Weibsperson trägt so skurrile Züge, daß der sensible Leser wohl kaum mehr je seine frische Maß Bier unter den schattigen Kastanien Mariabrunns genießen können wird, ohne an die schwarzhaarige Bründlfrau zu denken. Ihr ruheloser Geist schwebt seit mehr als einem Jahrhundert als Spiritus loci über diesem seltsamen Ort!
Die geheimen Künste des Tinkturenmixens und Gesundteebrauens sog die Hohenester wohl schon mit der Muttermilch auf, war doch schon der Mutter Bi-

Wallfahrtskapelle Mariabrunn

biane aus Holzkirchen der Ruf eines wundersamen Kräuterweibes vorausgeeilt. Amalie trat erfolgreich in die Fußstapfen der Mutter. Resoluter Geschäftssinn und geschicktes Aushorchen ihrer Patienten verbreiteten ihren Ruf als »Doktorbäuerin von Deisenhofen« rasch, die Presse berichtete von spektakulären Heilerfolgen, und nach jeder polizeilichen Nachstellung schwoll der Strom Hilfesuchender nochmals an. Offenbar blühte auch finanziell das Geschäft, denn 1862 konnte die Hohenester ihr kleines Deisenhofener Anwesen für elftausend Gulden verkaufen und das alte, verkommene Heilbad Mariabrunn für achtundzwanzigtausend Gulden erstehen. Mit großem Troß und Gefolge zog sie im Jahr 1863 in das Dachauer Hinterland. Nachdem dort 1661 der Ampermochinger Bauer Stephan Scharböck eine vermeintlich wundersame Quelle entdeckt hatte, gestaltete der Münchner Medizinalrat und kurfürstliche Leibarzt Nepomuk Leuthner um 1790 den Edelsitz Mariabrunn zu einem bescheidenen Heilbad um. Doch das war lange her – Amalie Hohenester jedenfalls erwarb ein heruntergekommenes Anwesen. Aber tatsächlich sprach es sich auch hier bald herum, daß »die Hohenester« nun in Mariabrunn ihre Tätigkeit aufgenommen hatte und ein zunehmender Besucherstrom schreckte diesen abgelegenen Winkel des Dachauer Landes aus seiner verträumten Einsamkeit.

Von den Bahnstationen Röhrmoos und Lohhof kamen täglich bis zu hundert Patienten zu Fuß oder mit dem Stellwagen. Der Alltag des Kurbetriebes war in seinem Ablauf bis in das letzte Detail von der Doktorbäuerin inszeniert.

Neuankömmlinge wurden zunächst stundenlang in die Wartesäle gesetzt, allenfalls ein kräftiges Trinkgeld konnte die Wartezeit verkürzen. Dann erschien um Punkt zehn Uhr Madame Hohenester in langem schwarzseidenem Schleppkleid mit Überwurf, schwarzen Glacéhandschuhen und schwerem Goldschmuck. Jede Unterhaltung ablehnend, ließ sie sich in barschem Befehlston die Urinfläschchen der Kranken zeigen und stellte treffsicher die Diagnose. In Wirklichkeit aber war sie zu diesem Zeitpunkt längst über alle Beschwerden des Patienten informiert. In einem komplizierten Spitzelsystem mußten alle Bediensteten – vom ersten Kutscher bis zum letzten Zimmermädchen – die Neuankömmlinge aushorchen und ihrer Herrin Bericht erstatten. Den Überraschungseffekt der richtigen Diagnose kostete sie natürlich gründlich aus, Pannen in diesem System führten zu bedrohlichen Wutausbrüchen der Hohenester. Ihre Arzneien bestanden im übrigen aus harmlosen Mixturen einheimischer Kräuter, die zunächst Sammelweiber aus der Umgebung herbeischaffen mußten. Später dann wurden einfach Billigpräparate aus München gekauft, umgefärbt und teuer weiterverkauft. Freilich behauptete die Doktorbäuerin zeitlebens, ihre Essenzen kämen direkt aus Indien und Ägypten!

Für kurze Zeit machte die Hohenester aus Mariabrunn ein wirkliches Weltbad: Aus Frankreich, England, Schweden, Amerika, Rußland und Persien wurden Besucher verzeichnet und wenn auch die Behandlung der österreichischen Kaiserin Elisabeth und des russischen Zaren eher dem Reich der Legende zuzurechnen sein dürfte, so fanden sich doch zahlreiche Vertreter des europäischen Hochadels in Mariabrunn ein – Rothschild, Stroganoff, Woronzoff, Nikolajewitsch, Todtleben und viele andere. Heute erinnert in der Mariabrunner Wirtsstube noch ein Porträt an die Doktorbäuerin, die streng und stolz jeden Hereinkömmling kritisch zu mustern scheint.

Im Dämmerschlaf der Zeiten: das »Rockerl« bei Ottershausen

Als Treffpunkt von Jugendlichen und Liebespärchen erfreut sich das lauschige, den neugierigen Blicken der Erwachsenenwelt weitgehend entzogene Plätzchen offenbar großer Beliebtheit, wenn man den phantasievollen Einkerbungen und Kritzeleien an der Rückseite des seltsamen Bauwerkes Glauben schenken darf. Ein bescheidener, grau-brauner Zentralbau mit kupfernem Kuppeldach zeichnet sich zwischen uralten Eichen und Linden ab, die das verfallene, offenbar seit Jahrzehnten in Dämmerschlaf träumende Monument fast bis zur Unkenntlichkeit verhüllen. Und so ist es nicht architektonische Raffinesse, die den Betrachter verweilen und nachsinnen läßt, sondern der leise, modrige Zauber dieses Ortes und seine zunächst völlig im unklaren bleibende Bestimmung. Die einzige Inschrift, ein Zitat des alttestamentarischen Gottesknechtes Hiob, verweist auf kultische Zwecke, indes, alle weiteren Insignien einer Feldkapelle etwa fehlen, kein Fenster gewährt den Blick in das geheimnisvolle Innere.
Erst die Betrachtung der rückwärtigen Front, namentlich der über gräzisierenden Säulen in Marmor gehauenen Wappen gibt näheren Aufschluß und verweist zugleich auf den kulturellen Mittelpunkt des in Blickweite ruhenden Ortes Haimhausen, den alten, herrschaftlichen Landsitz. Ein Mausoleum, ein Familiengrabmal also steht vor uns, im Volksmund nach dem umliegenden Laubgehölz »Rockerl« genannt. Viele Tote mögen hier nicht ruhen, denn erst um die Jahrhundertwende wurde das kleine Gebäude von dem neuen Schloßbesitzer Carl James von Haniel errichtet. Was mag diesen ehemaligen, aus dem Ruhrgebiet stammenden und erst anläßlich seiner Ansässigmachung in Haimhausen geadelten Industriellen bewogen haben, nicht mehr die ehrwürdige, in der Schloßkapelle befindliche Grabstätte der Grafen von Haimhausen zu nutzen, sondern sich in der Abgeschiedenheit zwischen Äckern und Wiesen einen Totensitz zu wählen? War es die um jene Zeit im Rückgriff auf Rousseau aufblühende Suche nach Natur und Erdhaftigkeit oder lediglich die Extravaganz eines in Adelskreisen noch kaum akzeptierten, wirtschaftlichen Parvenus? Wer kann das heute noch entscheiden, menschliche Motive und Antriebe greifen ineinander wie die knorrigen Äste, die die altersbedingten Gebrechen des »Rockerls« heute liebevoll bedekken. Und den Liebespaaren, die die Abgeschiedenheit dieses Ortes zu nutzen wissen, sind solch philosophische Betrachtungen verständlicherweise ohnehin belanglos. Uns aber hat dieses bescheidene Entrée einen gewaltigen Appetit gemacht auf den Hauptgang: das gräfliche Schloß Haimhausen.

Altwasser bei Ottershausen

Winterliche Amper vor Haimhausen

Schloß Haimhausen: »Einem jener römischen Landhäuser gleich . . . «

Als ob die Amper, die sich mittlerweile bereits zu einem beachtlichen Fluß ausgewachsen hat, einen respektvollen Bogen um den Rokoko-Landsitz der alten Herrschaft zu Haimhausen schlagen wollte, umrundet der Wasserlauf den mit seinem uralten Baumbestand englisch anmutenden Grundbesitz. Und tatsächlich ist es wohl einmal ein mittelalterliches Wasserschloß gewesen, dessen aus den Rauchschwaden schwedischer Brandüberfälle langsam sich abzeichnende Ruine dem heutigen barocken Repräsentativbau weichen mußte. Michael Wening, der ebenso rastlos wie unglücklich agierende Kupferstecher, hat den Bau im Jahr 1701 in einem vollformatigen Blatt seiner »Topographia Bavariae« abgebildet. Um 1680 nach Entwürfen des Münchner Hofmalers Andreas Wolff dreigeschossig mit Freitreppe zum Garten hin quadratisch erbaut, erhielt das dem Typus einer italienischen Landvilla treffend nachempfundene Schloß um 1747 von François Cuvilliés dem Älteren die beiden zweigeschossigen Seitenflügel, die prachtvolle Rokoko-Stukkatur und die dem gegeißelten Heiland geweihte Schloßkapelle. In solchem Zustand sollte der stolze Landsitz etwa fünfzig Jahre später dem Münchner Geistlichen, Historiker und Reiseschriftsteller Lorenz von Westenrieder vor die gestrengen Augen kommen. Westenrieder hatte seit Jahren einen ebenso ehrgeizigen, wie aufwendigen publizistischen Gedanken gesponnen, die Herausgabe einer vielbändigen bayerischen Topographie, und dergestalt recherchierend traf er auf seiner Wanderung durch das Landgericht Dachau 1791 im Schloßhof Haimhausen ein. Sein Eindruck mag ein überwältigender gewesen sein, schreibt er doch in seinen »Beyträgen zur vaterländischen Historie, Geographie, Staatistik und Landwirtschaft«:

»Wer das Schloß Haimhausen in der, 1701 mit ausnehmender Pracht veranstalteten, Topographia Bavariae, wo verschiedene Abbildungen angebracht sind, gesehen hat, kann sich von demselben nicht anders, als eine außerordentliche Vorstellung von Pracht und Herrlichkeit machen. Ich will davon eben keine neue Schilderung beginnen, sondern, wie gleichsam nur im Vorbeygehen, anmerken, daß, wer auch das Schönste dieser Art gesehen hat, jetzt und jetzt, so wie er das Schloß hinan und die Zimmer durchgeht, versucht und genöthigt wird, auszurufen, nie etwas Schöneres gesehen zu haben. Es ist nicht die Größe oder Weitläufigkeit der Gebäude, noch sonst irgend eine gewaltsame Anstrengung, oder geflißner Glanz und Prunksucht, sondern es ist Verhältnis und Ordnung, Geschmack und große Einfachheit, die sich hier beym ersten Anblick empfiehlt, und die dessen Eigenthümer als einen Mann mit hohem Gefühl und klassischer Kenntnis des Schönen verkündigt. Schon die geschmackvoll angelegten, doppelten Stiegen haben etwas ungewöhnlich Schönes, und dann reizen die Einfassungen der Türen, welche zu den Zimmern führen, nach diesen zu eilen. Die Zimmer sind durchaus nach dem neuesten Geschmacke meublirt, und zeigen dem Aug, dem Herz, das folgt, alles, ohn Überladung, was die Kunst Neues und Schönes hat, bald geistreiche Gemälde, bald Kupferstiche in einer auserlesenen Wahl und man glaubt sich in einem jener griechischen oder römischen Landhäuser, deren, mit vernünftiger Pracht vermischte, Anmuth und die Weisen des Alterthums mit so vieler Wärme und Verliebtheit geschildert haben, zu befinden. Ich sah hier auch eine gewählte Handbibliothek, und, unter anderen Merkwürdigkeiten eine mit ungeheurem Aufwand von Fleiß und Genauigkeit vor einigen Jahren herausgegebene Charte der Stadt Wien, und der umliegenden Gegend, dergleichen noch kein Zeitalter geliefert hat. Ich brauche kaum zu erinnern, daß der anmuthigen Wohnung die Anlage und Kultur des Gartens entspricht und daß ihn der Kenner der Bäume, Gesträuche und Blumen mit befriedigter Erwartung durchwandelt. In einer, mit hohen Bäumen besetzten Allee schienen mir vollblühende Rosen um die Bäume herum in dieser halben Dämmerung ein rührender Anblick zu seyn. Ich sah auch schöne Cypressenbäume, und, unter den Seltenheiten, sehr gut fortkommende Vanillien- und Kaffeegewächse. Nahe am Garten ist eine Zucht von Schildkröten angelegt, die bereits Eier hatten.«

Zweihundert Jahre sind seither vergangen und allerhand verschiedene Besitzer und Mieter haben sich in dieser Zeit den Messingknauf des schweren, eichenen Schloßportals in die Hand gedrückt. Nur kurz nach der Visite des Münchner Geheimrates Westenrieder war das Grafengeschlecht derer von Haimhausen ausgestorben und der Landsitz an die Grafen von Buttler-Clonebough übergegangen. 1892 übernahm dann der schon eingangs erwähnte rheinische Industrielle James Haniel den völlig überschuldeten Besitz. Seine Nachkommen sind bis zum heutigen Tag – wenngleich nicht mehr als Schloßherrren –, so doch als Inhaber der gräflichen Ökonomie und Brauerei – in Haimhausen ansässig. In der jüngsten Vergangenheit fanden die feudalen Räumlichkeiten des Schlosses verschiedenste Verwendung. Kurzzeitig als Ausweichquartier für die ausgebombte Münchner Kunstakademie genutzt, dann als Polizeischule und repräsentativer Antiquitätensalon ausgebaut, hat es heute mit der Porsche-Enkelin Louise Piëch-Daxer wieder eine private Besitzerin gefunden, die die historische Substanz des Hauses mit großem Aufwand und Geschick restaurieren ließ. Vermutlich hat seit Cuvilliés Zeiten keiner das Schloß in einem ähnlich noblen und leuchtenden Zustand zu sehen bekommen, wie der gegenwärtige Besucher. Das Schloß Haimhausen zählt heute zu den wichtigsten Bauten des bayerischen Rokoko. Das mag auch über den Umstand hinwegtrösten, daß die inneren Gemächer aus verständlichen Gründen für die Öffentlichkeit nicht mehr zugänglich sind. Ein an der Amperschleife entlangführender Fußweg macht indes die äußere Pracht des Schlößchens, das sich trotz aller architektonischer Raffinesse mit seinem behäbigen Walmdach harmonisch in diese altbayerische Kulturlandschaft einfügt, von allen Himmelsrichtungen aus zugänglich.

Das Cuvilliés-Schloß Haimhausen

Eine stille Wanderung zur Bründlkapelle

Wer nach so viel eitel-feudaler Sinnesfreude, vielleicht auch nach einer körperlichen Stärkung in der Schloßklause, das Bedürfnis nach besinnlich-stiller Einkehr, nach sanftem Memento mori gar, in sich aufsteigen spürt, der möge sich nun auf den halbstündigen, den Lauf der Amper begleitenden Fußweg zur Bründlkapelle machen. Erst im letzten Moment wird der in heiteres Gespräch oder gedankenvolle Meditation versunkene Wanderer seinen Blick aufrichten und die Silhouette des schlichten, von einem kurzen Giebeltürmchen überhöhten Gotteshauses sich aus dem Waldrand an der südlichen Amperleite lösen sehen. Die Marienkapelle steht über einer gefaßten Quelle, deren glasklare Wasser heilende Kräfte bei Augenleiden zugeschrieben werden, auf jeden Fall aber überaus erfrischend wirken. Freilich zog die kleine Kapelle, die 1734 eine hölzerne Vorgängerin ablöste, in der Vergangenheit nicht nur ermüdete Wanderer und fromme Pilger, sondern auch vielerlei zwielichtige Gestalten an, so daß nach mehreren Einbrüchen von der ursprünglich barocken Innenausstattung nur ein etwas kümmerlicher Rest übriggeblieben ist.

Die Restauratoren von Inhausen

Nach all dem Sinnieren über vergangene Tage der Kulturgeschichte verlassen wir Haimhausen in Richtung Süden zu einem kleinen Abstecher, um in dem kleinen Weiler Inhausen ein Beispiel für das moderne Bewahren von Kunst zu besuchen: die alte Marien-Wallfahrtskirche Inhausen. Noch vor wenigen Monaten waren dort die Restauratoren an der Arbeit. Über steile Kirchenstiegen und Leitern führte der Weg hinauf auf das Gerüst-Plateau, wo sie sich in schwindelnder Höhe, dicht unter der Kirchendecke ihren Arbeitsplatz eingerichtet hatten. Nach intensiver Arbeit sah es hier oben tatsächlich aus: das Auge erfaßte mit Staunen eine verwirrende Zahl technischer Gerätschaften, wie Scheinwerfer – denn hierher dringt kein Tageslicht –, elektronische Meßinstrumente bis hin zu Reagenzgläsern, gefüllt mit unterschiedlichsten Chemikalien. Der intensive Geruch dieser Mixturen und die steril anmutende Abdeckung des Gerüstbodens ließ eher an ein Forschungslabor oder an die Intensivstation eines Krankenhauses denken, als an den Deckenraum einer oberbayerischen Dorfkirche. Und tatsächlich ist der Vergleich angebracht, »intensivmedizinische« Maßnahmen waren hier im Gange, wenngleich nicht an Menschen, sondern an dem von Verfall bedrohten Kulturgut des Gotteshauses. Jahrelanges Eindringen von Feuchtigkeit und daraus resultierender Mikroben- und Pilzbefall hatten dem wertvollen barocken Deckenfresko schwerste Schäden zugefügt, breite Risse durchzogen die Darstellungen, Farbe und Putz hatten sich bereits teilweise abgelöst. Als man schließlich auch noch entdeckte, daß die gesamte Aufhängungskonstruktion der Decke in Mitleidenschaft gezogen war und die tonnenschwere Last in die Tiefe zu stürzen drohte, mußte rasch gehandelt und Spezialisten das Feld überlassen werden. Als sie die Inhauser Decke erstmals aus nächster Nähe sahen, entdeckten sie, daß große Teile des historischen Farbauftrages abgefallen waren, von Spinnweben aber wie in einem Sicherungsnetz aufgefangen worden waren. Die Restauratoren hatten daraufhin die Farbpartikel samt Spinnweben wieder an die Decke geklebt, so die Originalschicht erhalten und erst später mit verschiedenen Chemikalien die Verschmutzungen entfernt. Aber erst nachdem alle Daten über die Schadenssituation erhoben waren, nachdem eine Vielzahl von Meßergebnissen und Laborbefunden abgewogen und mit Fachkollegen und Wissenschaftlern diskutiert worden waren, konnte die eigentliche Restaurierung beginnen. In Millimeterarbeit mußten dabei Fugen gefüllt, lose und pudrige Farbschichten fixiert und fehlende Stellen schonend ergänzt werden. Mit dünnen Sonden wurden Spezialmixturen in die Hohlräume der Decke gespritzt, um den Putz wieder mit der Dachkonstruktion zu verbinden und Ablösungsprozessen vorzubeugen. Statische Untersuchungen, Feuchtigkeitsmessungen, diverse Materialentnahmen und chemische Analysen wechselten einander ab, mit dem Stethoskop wurde die Decke Zentimeter für Zentimeter nach eventuellen Abrissen und Hohlstellen abgehört. In gut tausend Fotoaufnahmen mußte das exakte Schadensbild erst dokumentiert werden, um die Notwendigkeit der Restaurierung belegen zu können. Mit guten Streiflicht-Aufnahmen kann man noch nach Jahrhunderten feststellen, wie umfangreich die tägliche Arbeitsleistung des barocken Freskenmalers war, welche Vorritzungen und Grundzeichnungen er vorgenommen hat, zu welchen Korrekturen er gezwungen war. Gerade in dieser Phase ist äußerste Sensibilität vonnöten, um sich in Inhalt und Geist des Kunstwerkes einzufühlen – bei allen technologischen Hilfen ist der Respekt vor den ursprünglichen Intentionen des Künstler allererste Voraussetzung für eine erfolgreiche Restaurierung. Gerade in der Kirchenmalerei wurde ja kaum ein Detail dem Zufall überlassen – jede Farbgebung, jeder Abstand, jede Größendimension entsprang allegorischen und theologischen Prämissen, die Vorarbeiten zu einem Deckenfresko dauerten meist viel länger, als die Ausführung selber, die in diesem Fall in brillanter Weise von Johann Georg Dieffenbrunner vollzogen wurde. Apropos Dieffenbrunner: Schon 1755 war der gebürtige Mittenwalder Matthäus-Günther-Schüler von dem bauwütigen Augustinerpropst Gelasius Morhart nach Indersdorf gerufen worden, um die barocke Ausgestaltung der Klosterkirche voranzutreiben. Das mag der Ausgangspunkt dafür gewesen sein, daß Dieffenbrunner nach Beendigung dieses Auftrages in einer ganzen Reihe von Dorfkirchen im Dachauer Land Hand anlegte: Eisenhofen, Sittenbach, Westerholzhausen, Kleinberghofen, Rothschwaige, Vierkirchen – und eben Inhausen. Dieffenbrunner stand in dem Ruf,

Der Flußlauf prägt die Landschaft

dekorative Architekturelemente – Gesimse, Rocaillen, Kartuschen und Bögen – vortrefflich allein mit malerischen Mitteln vortäuschen zu können. Das schien vielen geistlichen Bauherren eine praktische Sache zu sein, konnte man sich doch dadurch den kostspieligen Stukkateur sparen! In der Wallfahrtskirche Inhausen nun nahm sich der Meister ein gewagtes Thema vor: Vier, die Gottesmutter anbetende Erdteile – Australien war den Europäern ja längst noch nicht bekannt – sollten durch typische Tierarten repräsentiert werden. Während die europäischen Arten Pferd und Hirsch noch einigermaßen zu identifizieren sind, gebricht es den asiatischen Elefanten schon sehr an Naturgetreue, und die Tierwelt Afrikas und Amerikas wird durch äußerst phantasievolle, aber gänzlich unrealistische Fabelwesen vertreten. Nun, die Inhauser Bauernleute des 18. Jahrhunderts werden vielleicht etwas ungläubig auf das seltsame Viehzeug über ihren Köpfen geblickt haben, besser gewußt haben sie es sicher nicht.

Der grausige Ursprung von Inhausen

Daß es mit der Inhauser Marienkirche etwas Besonderes auf sich haben muß, wird jedem Besucher klar, der ihren schlanken, gotischen Turm schon von weitem am Horizont auftauchen sieht. Auch wer zu diesem Zeitpunkt noch nichts ahnt von ihrer prachtvollen Innenausstattung – den Dieffenbrunnerschen Deckenfresken von 1761, den fünfzehn in Silber getriebenen Rosenkranzreliefs des Hauptaltars von 1660 –, dem erscheint sie in ihrem Streben nach Höhe, nach Eleganz und Transparenz viel zu gewichtig, als daß sie sich mit einer einfachen Rolle als Dorfkirche für die Handvoll Bauerngehöfte des kleinen Weilers zufriedengegeben hätte. Sie hat bessere Zeiten gesehen, barocke Zeiten der religiösen Erregung unter den Leuten, Zeiten der aufblühenden Wallfahrt zu »Unserer Lieben Frau von Inhausen«.

Eine grausige Legende erzählt man sich über ihren Ursprung, die Lust des Altbayern am Schauderhaften, am Mirakulösen, am Übersinnlichen ist da zu einem Höhepunkt der Fabulierkunst aufgelaufen. Ganz genau will man es wissen: Am 5. Dezember Anno 1323 habe der ruchlose herzogliche Pfleger und Richter Arnold der Nasenlose von Massenhausen auf seiner Burg zu Kranzberg sein Eheweib Elisabeth auf dem Scheiterhaufen verbrennen lassen. Aus blinder, durch nichts provozierter Eifersucht beschuldigte er sie, die Ehe mit ihrem Neffen, Engelmar von Massenhausen, gebrochen zu haben. Ein fürchterlicher Fluch entrang sich noch den Lippen der in den Flammen erstickenden Frau und die Hand ballte sich zum Schwur: Kein männlicher Nachkomme solle dem Geschlecht derer zu Massenhausen jemals mehr entwachsen, sein Aussterben damit tödliche Gewißheit! Die geballte Schwurhand – man sieht die nach Details lechzenden Zuhörer förmlich vor sich – sei allein von den Flammen verschont und unversehrt geblieben. Dieser Umstand allerdings habe den cholerischen Gatten nun seinerseits dermaßen in Verzweiflung getrieben, daß sein zukünftiges Leben nur mehr von einem Gedanken durchdrungen war: Sühne! Rastlos sei er auf seinem Pferd, einem schweren Schimmel, durch die Lande geritten, gedankenverloren und mit wirrem Blick. Da habe sich nahe der Inhauser Gehöfte sein Gaul an einem Aststück verfangen und sei gestolpert. Arnulf aber, voll der bedrückendsten Visionen, habe das für eine Kniebeuge des Tieres vor einem geheiligten Ort gehalten und unverzüglich den Bau einer Marienkirche in die Wege geleitet. Noch zweimal sei ihm ähnliches wiederfahren, was den Bau der beiden Wallfahrtskirchen in Weng und in Johanneck im Freisinger Land zur Folge hatte.

Nördlich von Freising: der Mündung entgegen

Das Ampertal, ein uraltes Siedlungsgebiet

Während uns die alte Ingolstädter Landstraße eine Weile an der Landkreisgrenze zwischen Dachau und Freising entlangführt, überquert die Amper südlich von Fahrenzhausen endgültig das letzte Mal eine solche abstrakte Linie, denn hier im Freisinger Land soll sie schließlich ihrer Bestimmung zufließen, der Vereinigung mit der Isar hinter Moosburg. Der Fahrenzhausener Ortsteil Unterbruck ist übrigens ein uralter Flußübergang, und man vermutet, daß auch Johann Wolfgang von Goethe hier einst die Amper überquerte. Aber dies sei – leider – zu nachtschlafender Stunde geschehen und so wird der berühmte Dichterfürst in seiner Kalesche kaum Notiz von unserem kleinen Flüßchen genommen haben.
Das Freisinger Land hingegen schenkt dem Neuankömmling durchaus gebührende Beachtung! Als wären sie zur würdigen Begrüßung wie zwei herausgeputzte Ehrenwachen wirkungsvoll postiert worden, so leuchten sie von den Höhen des Hügelsaumes herab: das St.-Georgs-Kirchlein von Weng zur Rechten, der behäbige, landsitzartige Pfarrhof von Jarzt zur Linken des ausladenden Ampertales. Weng, dessen mythologische Wurzeln ja ebenso wie Inhausen und Johanneck auf die Schwurhandsage um Arnold den Nasenlosen zurückgehen, stellt bei aller dörflicher Bescheidenheit eine reife Blüte gotischer Baukunst dar, die Eleganz des lichtdurchfluteten Raumes konnte auch durch barockisierende Umbaumaßnahmen nicht gebrochen werden. Zwei Raritäten im Inneren: eine aus bemaltem Ton gefertigte Madonna mit Kind aus dem 14. Jahrhundert sowie das Hochgrab der Anna von Frauenberg, eine seltene Arbeit Münchner Schule, vermutlich aus der Hand von Hans Haldner. Sowohl von Weng als auch von Jarzt aus hat man einen wundervollen Ausblick über das gesamte Ampertal, das sich hier zu einem breiten, fruchtbaren Becken erweitert. Die Sicht reicht hinauf bis nach Allershausen, wo das Feld- und Wiesenflüßchen Glonn – aus dem Brucker und Dachauer Hinterland kommend – in die Amper mündet.
Schon 1925 heißt es in einem kleinen Wanderbüchlein:
»Ort und Kirche von Weng sind prächtig gelegen, hoch über der Amper, deren gekrümmter Lauf den Hang bespült. Anmutsvolle Fernsicht hinab ins Tal, das stundenweit hinauf und hinunter zu verfolgen ist, dann hinüber zum Hügelrückenland gegen die Glonn zu. Zahlreiche Ortschaften, Kirchtürme, Einöden tauchen auf im Rundblick nach Norden, Westen und Osten. Dazwischen Ackerland, Wiesenflächen, kleine Gehölze. Kein Wunder, wenn an so exponierter Stelle auch ein reichausgestatteter Kirchenbau vor Zeiten aufgeführt wurde.«
Interessant auch, wie Joseph von Hazzi in seinen »Statistischen Aufschlüssen über das Herzogtum Baiern« aus dem Jahr 1801 das Ampertal von den umliegen-

Herrschaftlicher Pfarrhof in Jarzt

den Gebieten unterscheidet: »Nur das Ampertal sieht fröhlich aus, alles übrige ist gräßlich, voll Wald, Moos und Weide. Die Häuser gleichen den elendsten hölzernen Hütten der ersten Zeit oder wie sie noch im Norden sein mögen. Von innen und außen ist alles schmutzig und arm. Nur im Ampertal gibt es Häuser von Stein und etwas Wohlstand. Die Menschenrasse ist äußerst verkrüppelt und verkümmert und klein, dumm und wild, meist mit körperlichen Schäden behaftet. Einen auffallenden Unterschied macht, wie gesagt, das Ampertal. Das männliche und weibliche Geschlecht ist hier groß und wohlgestaltet. Der Mann trägt einen feinen blauen Rock, rote Weste, grüne Hosenträger darüber und einen Gurt, dann schwarzlederne Beinkleider, blaue Strümpfe und Schuhe mit Bändern. Die Weiber haben zwar kurze, aber dickgepolsterte schwarze Röcke,

Taubenschlag in Allershausen

steifes Mieder und am Hals ist alles eng zusammengezogen, den Kopf bedeckt eine große schwarze Mütze von Otter. Die jüngeren Mädchen haben blaue Hauben mit Spitzen, auch eine Art Casquet, worunter ihre Haare in Zöpfen geflochten sind – nebenbei bemerkt hat jede einen Gürtel von Silber oder Metall um den Leib. Auf dem Tanz sieht man bei ihnen schöne weiße Strümpfe und feine weiße Tücher mit Spitzen auf dem Kopf. Die Kost ist zwar besser, aber Fleisch kommt auch hier selten auf den Tisch. Kaum die Hälfte des Flächenraumes kann als kultiviert betrachtet werden, so sehr ist alles übrige noch im wilden Zustand von Waldungen, Mösern, öden Weiden bedeckt. Die Waldungen bestehen aus Fichten, Tannen, Birken, einzelnen schlechten Eichen und wildem Obst, leiden aber sehr durch Weidenschaft und Sträucher. Im Ampertal gibt es viele

Allershausen

Dammerde. Während die Gehügel sehr sandig und mager aussehen – im Ampertal gedeihen daher alle Früchte, Gerste, Korn, Haber, Erbsen, Wicken, auch Weizen zu acht bis zehn Samen –, so erscheint in den Hügeln Korn und Haber mit zwei bis drei Samen. Im Ampertal werden ziemlich gute Pferde gezogen, sonst ist der Viehstand unbedeutend. Selbst die Ochsen, die meist in den Hügeln das Feld bestellen, sehen erbärmlich aus.«

Der Fluß prägt die Landschaft und bleibt doch selbst meist unsichtbar, nasse Auwälder und Schilfgürtel verbergen fast überall den Wasserlauf. Seit Urzeiten besiedeltes Land im übrigen, allein die Ortsnamen weisen auf keltische und vorkeltische Ursprünge hin: Appercha und Hohenbercha, Zinklmiltach und Grandlmiltach, Jarzt und Weng! Und auch die Römer fühlten sich in dieser Gegend wie im ganzen Ampertal offensichtlich wohl, zahlreiche Funde und Ausgrabungen der letzten Jahre – darunter einen vollständige römische Villa in Fahrenzhausen – bestätigen das. Die römischen Bauherren legten ihre Villen bevorzugt an den bevölkerten Römerstraßen an, und so verwundert dieser Standort nicht: eine der wichtigsten Verbindungslinien der römischen Besatzungsmacht führte an der Amper entlang von Fahrenzhausen über Allershausen, Zolling und Inkhofen bis zur Ampermündung. Nachfahren der römischen Bautechniken finden wir heute noch in zwei romanischen Kirchen des Amperlandes, in Großeisenbach bei Weng und in Kleinviecht bei Langenbach.

Naturschutzgebiet bei Palzing

Kranzberg – ehemaliger Sitz des Land- und Pflegegerichts

Man könnte das Bauwerk durchaus für eine uralte Bräu- oder Tafernwirtschaft halten, wie es sich da so behäbig an der Dorfstraße hinzieht und mit weiß-gelb gestrichener Blendarkade und Erkerturm einen recht selbstbewußten Eindruck vermittelt. Heutzutage beherbergt sein dickes Mauerwerk in der Tat eine recht ansehnliche Gaststätte. Daß das beileibe nicht immer so der Fall war, davon setzt einen die eingemauerte Marmortafel neben der Wirtshaustür in Kenntnis: »Gebäude des vormaligen herzoglich bayerischen Pflegegerichts und kurfürstlichen Landgerichts Kranzberg, welches nach mehrhundertjährigem Bestand am 20. Februar 1804 aufgelöst und dem Landgericht Freising einverleibt wurde.«
Also nicht Bierdunst und Tabaksqualm erfüllte über Jahrhunderte die Räumlichkeiten dieses Gebäudes, sondern Aktenstaub und Schreibertinte. Nicht um Zecherei und Würfelspiel ging es, sondern um Steuern und Spanndienste, um Grenzstreitigkeiten und Militäraushebungen. Manchmal wurde auch um Leben und Tod verhandelt, denn dem jeweiligen Pfleger und Landrichter oblag die Blutgerichtsbarkeit, der Galgen für den gesamten Gerichtsbezirk stand hier. Mit dem Jahr 1371 schon beginnt die lückenlose Reihe der Kranzberger Richter, die sich zumeist aus den vornehmen Geschlechtern der näheren und ferneren Umgebung rekrutierten. Sie waren die vom bayerischen Herzog oder Kurfürsten eingesetzten Herren über die gesamte Umgebung, eine Trennung von Verwaltung und Justiz wurde erst 1862 in die Wege geleitet. Mit dem Abtreten des letzten Kranzberger Pflegers, des Grafen Josef von Rheinstein-Tattenbach, im Jahr 1804 schwand auch die Bedeutung des Ortes dahin.

St. Quirin in Kranzberg

Der Kalvarienberg von Aiterbach

Eine geistliche und volkskundliche Rarität findet man in dem kleinen, nördlich von Allershausen gelegenen Aiterbach: den einzigen, noch gepflegten Kalvarien-Kult weit und breit. Am Karfreitag versammeln sich zu diesem Zweck die Gläubigen am Ende des Dorfes und pilgern betend die steinernen Kreuzwegstationen hinauf zum Kalvarienberg. 1846 wurde dieser künstliche Hügel mit den drei überdimensionalen Kreuzen errichtet. In den Berg hinein wurden Grufthöhlen gegraben,

Drei Kruzifixe markieren die letzte Station des Kreuzweges, der sich dem Kalvarienberg hinaufzieht

die in den Kartagen von den umliegenden Bauern mit Blumen, Bildern und Statuen geschmückt werden. In einer dieser unterirdischen Kammern liegt dann eine Christusstatue aufgebahrt. Seit der Renovierung der Anlage im Jahr 1979 ist der Kalvarienberg von Aiterbach wieder zu einem beliebten Wallfahrtsziel geworden.

Blick vom Kalvarienberg auf das Dorf Aiterbach

Oberberghausen – das verschwundene Dorf

»Allhier haben die Geschlechter des gewesten und achtbaren Mesneramtes von Perchhausen, so die Genstaller, Neumayer und andere, dann zuletzt die Reichart ihr Erdenziel gefunden, bis 1883 das ewige Licht ausgelöscht und die Kirch gesperrt worden ist. Dem hlg. Clemens dienten wir, besorgten seines Hauses Zier. Nun liegen wir gen Morgen und schlafen ohne Sorgen in uns'rer stillen Gruft, bis uns der Heiland ruft.«

Das schmiedeeiserne Grabkreuz, das mit seinen altertümlichen Schriftzeichen an die Mesnergeschlechter von Oberberghausen erinnert, steht zusammen mit mehreren, ähnlich kunstvoll gefertigten Kruzifixen in dem schattigen Gottesacker des Kirchleins St. Clemens. Wer nach langer Wanderung durch den Kranzberger Staatsforst zufällig diesen stillen Ort entdeckt, wird unwillkürlich angerührt von seiner geheimnishaften, merkwürdigen Atmosphäre. Eine verschlossene Kirche mitten im Wald, zu unscheinbar für einen mirakulösen Wallfahrtsort, zu stattlich aber auch für eine bescheidene Bründlkapelle – eher eines jener Gotteshäuser, die seit Jahrhunderten in unzähligen Dörfern des Ampertales stehen, kaum beachtet von Touristen und Kunsthistorikern. Eine Dorfkirche ohne Dorf? Umgeben von einem guten Dutzend alter Grabstellen, die schon viele Jahrzehnte keine Totengräber mehr gesehen haben mögen? Und was hat es mit den verfallenen Hütten und eingesunkenen Kellergewölben auf sich, die bei einer weiteren Umrundung des Platzes zwischen Farnen und Brombeergestrüpp auftauchen? Fragen über Fragen, für die der unkundige Besucher hier, mitten im Wald, keine befriedigende Antwort findet.

Aber wen die Sache erst einmal neugierig gemacht hat, den läßt sie nicht mehr ruhen, ehe er ihr auf den Grund gegangen ist: Oberberghausen ist tatsächlich ein verschwundenes, in tiefen Dornröschenschlaf versunkenes Dorf, in dem über viele Jahrhunderte bäuerliche Familien gelebt und gearbeitet haben. Die Geschichte seines Unterganges mutet so altertümlich und archaisch an, daß man sie eher ins Mittelalter versetzen möchte, als – was in Wahrheit zutrifft – in das späte 19. Jahrhundert. Aufbruchseuphorie und ungebremster Fortschrittsglaube hatte in dieser Epoche des Fin de siècle ganz Europa erfaßt, hatte in den Laboratorien der Universitäten und Technischen Hochschulen wissenschaftliche Höchstleistungen hervorgebracht. Auch in der königlichen Fakultät für Forstwissenschaften in Weihenstephan war ein neuer Geist eingezogen. Seit der Mitte des Jahrhunderts schon hatte man dort fremdländische Gehölze importiert, hatte Wachstumsversuche an exotischen Baumsorten unternommen, die man später in bayerische Wälder zu verpflanzen gedachte. 1880 dann kam, vorangetrieben von dem rührigen Forstprofessor Gustav Hartig, schließlich die Idee eines riesigen Freilandversuches auf, der sich mit einem sozialpolitischen Aspekt verbinden sollte: man wollte eine umfangreiche Kultur verschiedenster Weidensorten anpflanzen, die die Grundlage für einen neuen Industriezweig sein sollte. Eine Korbflechterkolonie internationalen Ausmaßes sollte in den Wäldern um Freising entstehen, und auf diese Weise sollten Arbeitsplätze für die arme Bevölkerung der Bischofsstadt geschaffen werden.

Das Forstamt Freising nahm sich sogleich dieses ehrgeizigen Projektes an und empfahl einen geeigneten Ort: die Waldlichtung rund um den Ort Oberberghausen! Freilich – der Ort konnte nicht bleiben, man benötigte die Grundflächen zur Anlage der Weidenpflanzung. Man würde die Handvoll Kleinbauern, die darüber hinaus fast alle tief verschuldet waren, einfach abfinden und die Sache vorantreiben! Aber so einfach, wie sich die Bürokraten in den Amtsstuben Freisings die Sache vorgestellt hatten, sollte es nicht gehen: die Berghausener Bauern waren zwar einfache, aber durch die Bank heimatverbundene, eigensinnige Leute. Kurzum: Sie weigerten sich, überhaupt in Verhandlungen mit der Forstverwaltung zu treten und wiesen jeden Beamten, der sich in ihr entlegenes Walddorf wagte, barsch und nicht ohne handfeste Drohungen ab. Bäuerliche Stupidität gegenüber den dringenden Notwendigkeiten moderner Sozialpolitik! Die Kommentatoren der Freisinger Lokalpresse waren empört, die Politiker und Professoren steckten in den Hinterzimmern die Köpfe zusammen. Man lockte mit großzügigen Abfindungen, man versuchte einzuschüchtern, man drohte gar mit Enteignung. Lange schien die Abwehrfront der fünf Bauernfamilien eisern zu halten, ehe nach zwei Jahren zähen Ringens eine Hiobsbotschaft eintraf: die alleinstehende Inhaberin einer der Berghausener Hofstellen mußte ihre völlige Zahlungsunfähigkeit eingestehen, die Zwangsversteigerung ihres Besitzes war unausweichlich. Und nun ging es Schlag auf Schlag: ein vermutlich gedungener Freisinger Kaminkehrer steigerte den bescheidenen Besitz ein und verkaufte ihn nur vier Tage später an die Forstverwaltung. Die übrigen Bauern, die ihre Felle davonschwimmen sahen, verloren nun vollends den Kopf und gaben ihren Widerstand auf. Innerhalb weniger Tage traten sie ihren Besitz an die Behörden ab. Aber zu welchen Bedingungen! Zum einen erlösten sie durch ihren panikartigen Verkauf nur mehr gut die Hälfte des amtlichen Schätzwertes und zum anderen ging fast der gesamte Erlös bei der Entschuldung ihrer Betriebe dahin, die sie – so die Vertragsbedingung – hypothekenfrei zu übergeben hatten! Fast alle ehemaligen Bewohner standen nun vor dem Nichts, sie wanderten in die Stadt Freising ab, wo sich ihre Spur im Dunkel verliert.

Umgehend fanden sich im Kranzberger Forst nun Arbeitstrupps ein, um mit dem Abbruch der Höfe zu beginnen. Allein das Kirchlein St. Clemens durfte nicht angerührt werden, denn in dem Pfarrer von Wippenhausen hatten die Freisinger Behörden einen versierten Verhandlungspartner gefunden, von dem sie nicht einen Quadratmeter Boden für das botanische Experiment erhalten konnten. Aber dennoch: Alsbald rückten über dreihundert Arbeiter in das freiwerdende Gelände vor und begannen mit dem Pflanzen von rund einer Million Weidensetzlingen! Achthundert verschiedene Sorten und Varianten sollen dabei verwendet worden sein und schon bald trafen Botanikexperten aus ganz Europa auf der öden Lichtung ein. Sie wollten natürlich auch versorgt sein, und so errichtete man eine kleine Gaststätte und mehrere Wirtschaftsgebäude.

Schon schmiedete man in Freising Pläne zum Bau einer automatischen Weidenschälanlage und einer Korbflechterschule, rund sechshundert Zentner Weidenruten erwartete man jährlich aus der Anlage zu erwirtschaften. Im Juli 1884 wurde die Kolonie »Weidenbusch«, wie sie nun offiziell genannt wurde, unter Blasmusik und feierlichen Reden des bayerischen Finanzministers und des Regierungspräsidenten eingeweiht. Das sollten aber auch schon die letzten lauten Töne gewesen sein, die die Stille der ringsum liegenden Wälder störten. Jahr um Jahr wurde es deutlicher, daß man die Möglichkeiten der Pflanzung maßlos überschätzt hatte. Die Erträge blieben weit hinter den Erwartungen zurück, das Korbflechterhandwerk wurde von der aufblühenden industriellen Konkurrenz hoffnungslos überflügelt und als nach vierzehn Jahren ein Gesamtdefizit von fünfzehntausend Mark zu Buche schlug, zogen auch die letzten Arbeiter aus Oberberghausen ab. Das Experiment war gescheitert, das ehrgeizige Prestigeobjekt gestorben. Die Opfer waren umsonst gewesen.

Voller Erbarmen überwuchert seitdem Dornengestrüpp und Moos die Ruinen, allein das Kirchlein St. Clemens erstrahlt seit seiner Renovierung in neuem Glanz. Mehrmals jährlich pilgern Wallfahrergruppen aus umliegenden Dörfern zu diesem verwunschenen Ort, den 1915 schon der Schriftsteller Josef Hofmiller einen »einsamen Fleck, wie geschaffen zum Ausruhen und Träumen« genannt hatte.

Nur das Kirchlein St. Clemens erinnert an Oberberghausen

Anglberg: zwei Welten begegnen sich

Vielleicht nur noch in Haindlfing, wo linker Hand das verträumte Schlößchen aus dem 18. Jahrhundert zwischen wildem Wein und Buchenlaub hervorlugt, während rechter Hand Stacheldrahtzäune am Betreten des NATO-Sperrgebietes hindern, vielleicht also nur noch dort fühlt man sich noch mehr als Wanderer zwischen den Welten, als in Anglberg. Hier ist es – von Zolling aus kommend – zuerst der hölzerne Getreidekasten aus dem 18. Jahrhundert, der das Interesse weckt. Um die wertvollen, mühsam erarbeiteten Feldfrüchte vor Mäusefraß, Brandgefahr und Diebstahl zu schützen, ließen sich wohlhabende Bauern ab dem späten 16. Jahrhundert eigene Kornspeicher in die Gärten stellen, oftmals kunstfertige Arbeiten mit gedrechselten Balustraden und geschnitzten Balkonen. Weil die knochentrockenen Feldfrüchte immer höchst feuergefährdet waren, gingen immer mehr Bauern dazu über, ihr Getreide in freistehenden Troadkästen aufzubewahren. Diese waren verschließbar, was bald dazu führte, daß der »Kast'n« auch die Funktion einer Schatzkammer übernahm. Hatte die Familie bisher ihre wenigen Wertgegenstände auf einem Balken hinter dem ehelichen Bett aufgereiht (»auf die hohe Kante gelegt«), so verwahrte man jetzt Urkunden, Geld, Leinen und Flachs in dem niedrigen, von Blitzschlägen nur selten heimgesuchten Getreidespeicher. Seit dem Ende des Mittelalters schossen kleine und kleinste Speicher wie Pilze aus dem Boden, so daß die Landesherren sogar mit Dekreten gegen das »wilde Bauen von Käst'n« vorgehen mußten. Dennoch haben nur wenige Exemplare die Zeiten überstanden, die meisten wurden im 19. Jahrhundert als unnütz und antiquiert abgerissen und verheizt. In Anglberg aber ist so einer stehengeblieben, ist gar noch in Gebrauch, wie man hört. Übrigens hatte der Getreidespeicher noch eine andere Funktion: In den Zeiten, als noch eine Vielzahl von Knechten und Mägden die Höfe bevölkerten, nutzten die männlichen Bediensteten den Getreidekasten gerne als nächtlichen Schlafplatz. Da war man unter sich, war fernab von den mißtrauischen Blicken des Bauern und ein lauschig-dunkler Winkel sollte sich auch finden, wenn das neckische Tändeln mit der neuen Dirn' gar noch ein Nachspiel . . .

Aber lassen wir die liederliche Phantasterei! Spätestens hundert Meter weiter hat uns beinhart die Realität der Gegenwart wieder im Griff, wenn sich unsere Augen auf ein graues Monstrum mit riesigen Schloten richten, das viele Kilometer weit dem gesamten Ampertal seinen Stempel aufdrückt – das Kohlekraftwerk Anglberg. Eines der saubersten in ganz Europa soll es sein – mögen wir es hoffen, eine Naturschönheit jedenfalls ist es nicht!

Einer der letzten hölzernen Getreidespeicher Bayerns findet sich in Anglberg

Das »Holledauer Bockerl«

Die kleine Bahnlinie, die südlich von Haag die Amper überquert – im Volksmund »Holledauer Bokkerl« –, kann auf eine ähnlich verworrene Entstehungsgeschichte verweisen, wie der »Alto-Expreß«, der die Stadt Dachau mit dem Markt Altomünster verbindet. Ein jahrelanger, erbitterter Streit aller anliegenden Gemeinden war in der Gründungsepoche des Eisenbahnnetzes also wohl die Regel, ehe man an die technische Durchführung und Erschließung gehen konnte.
Schon 1858 war auf der Strecke München–Landshut der Personen- und Güterverkehr aufgenommen worden und bald schon begann man mit dem Gedanken zu liebäugeln, von Moosburg oder Freising aus die Strecke zu verzweigen und eine Linie über Nandlstadt und Mainburg bis nach Abensberg zu führen. Aber der besagte Streit um Haltestellen, Trassenführung und Grunderwerbskosten verzögerte das Projekt fast ein halbes Jahrhundert lang, so daß man erst 1908 mit den Arbeiten beginnen konnte. Von Langenbach aus zuckelte nun mehrmals täglich eine dampfbetriebene Lokalbahn in Richtung Enzelhausen.
Das ging nun, wenn auch später auf Dieselbetrieb umgestellt, rund fünfzig Jahre so dahin. In den sechziger Jahren aber sollte auch dem »Holledauer Bockerl« die letzte Stunde schlagen. Die Beförderungszahlen waren infolge der allgemeinen Motorisierung rapide zurückgegangen, das jährliche Defizit der Linie veranschlagte die Bundesbahn auf fast eine halbe Million Mark. Trotz heftiger Gegenwehr der anliegenden Gemeinden nahm am 2. Juni 1973 der letzte Personenzug seine Fahrt auf, die Strecke zwischen Zolling und Au wurde ganz aufgelassen. Die Reststrecke hat man als Zulieferlinie zwischen dem Kraftwerk Anglberg und Langenbach bestehen lassen und so mancher Freisinger sieht den spärlichen Güterzügen, die darauf noch verkehren, mit Wehmut und leiser Melancholie nach.

Kajakfahrer in der Amper vor Haag

Schlösser, Landsitze und Hofmarken begleiten den Fluß

Gerade im Freisinger Land wird es deutlich: das Amperland ist ein Schlösserland. Viele mag das überraschen, denn als die Prototypen bayerischer Herrensitze gelten ja nach wie vor die Repräsentativbauten des Kurfürsten Max Emanuel, oder gar die Phantasieschlösser Ludwigs II. Wie untypisch, ja wie unbayerisch aber etwa ein Neuschwanstein oder ein Linderhof in die Landschaft gestellt sind, das wird einem an den Amperschlössern deutlich. Freilich, wer sich herausgeputzte Touristenattraktionen erwartet, wird enttäuscht sein. Bescheiden, fast scheu ducken sie sich hinter ungepflegten Mauern und Stallungen. Nicht mit französischer Gartenkunst à la Versailles umgeben sie sich, nicht mit wöchentlich geschnittenem Rasen und dressierter Ligusterhecke, eher schon mit uralten Obstgärten und verpachteten Viehweiden. Herbe Landsitze in einer herben Landschaft. So gar nicht mit dem vergleichbar, was unsere Fremdenverkehrsindustrie als typisch vorgibt, aber wieviel harmonischer, wieviel unaufdringlicher passen sie in die alten Dörfer und Marktflecken! Kaum ein solcher Edelsitz ist öffentlich zugänglich, denn ein Teil von ihnen wird nach wie vor von angestammten Besitzern bewohnt, ein anderer ist völlig zweckentfremdet in die Hand von Banken, Computerfirmen und Großdrukkereien übergegangen. Lassen wir uns davon aber nicht abhalten und machen uns auf eine kleine Schlösserfahrt entlang der Amper!

Obwohl strenggenommen an der Glonn gelegen, muß ein Besuch der Amperschlösser in Hohenkammer beginnen, diesem prächtig renovierten Wasserschloß aus dem 16. Jahrhundert, zu dessen quadratischen Arkadeninnenhof man über eine historische Holzbrücke gelangt. Wenige Orte reichen geschichtlich so weit zurück wie Hohenkammer. Es scheint schon ein agilolfingisches Herzogtum gewesen zu sein, da es zu Zeiten Karls des Großen als

Wasserschloß Hohenkammer

königliches Fiskalgut genannt wird. Als nächste Stationen der Fahrt seien die Herrensitze von Kranzberg, Aiterbach und Thalhausen zu nennen. Das letztere befindet sich heute im Besitz der katholischen Kirche, die ein Jugendbildungshaus daraus entstehen lassen möchte. Über Schloß Haindlfing, dessen romantisch-verträumte Atmosphäre, wie schon erwähnt, in einem jähen Gegensatz zu den Raketenbunkern der nahen NATO-Militärbase steht, führt der Weg weiter nach Haag an der Amper. Gerade in den Sommermonaten zieht dieser Ort viele Besucher an, aber weniger der ziemlich heruntergekommenen Schloßbauten, sondern des größten Biergartens Bayerns wegen, der sich heute in dem ehemaligen Park des Sitzes befindet. Aber auch der schlichte Hofmarkssitz hat seine, wenngleich gebrechlichen Reize. Michael Wening, der Geograph und Kupferstecher des 17. Jahrhunderts, fertigte ein Blatt über den Landsitz und schrieb dazu:
»Ist ein Schloß und ein geschlossne Hofmarch, zuegehörig dem Herrn Guidobald Albrecht Joseph deß Heil. Röm. Reichs Grafen von und zu Lodron, wecher auch allda wohnet. Ligt in dem Pfleg- und Landgericht Mospurg, zwy Stund von besagtem Mospurg und so vil Stund von Freising, unweitt des Ampper-Fluß in einer schönen Gegend, auch ebenen Land. Dies Schloß ist nit prächtig, sondern solcher Gestalten gebauet, daß die Herrschaft ihre nothwendige Wohnung darinnen haben möge . . . Dies Guet ist in Schwedischen Feinds-Zeiten völligen ruiniert, und in die Aschen gelegt worden, welches hienach obgedachter Herr Graf Franz von Lodron als damahliger Inhaber widerumben von Grund aufferbauet.«
Mit den beiden Besitzungen des Grafen La Rosée, Schloß Inkofen und Schloß Isareck, endet unser feudaler Bilderbogen. Die beiden Güter gingen bereits im 18. Jahrhundert in das Eigentum des kurbayerischen Kavalleriegenerals und Reichsgrafen von La Rosée über, der bereits am Starnberger See zahlreiche Besitztümer, darunter Schloß Possenhofen, sein eigen nannte. Seit dieser Zeit ist Inkofen in ununterbrochenem Besitz des gräflichen Geschlechtes, das selbst auf Isareck, hoch über dem Zusammenfluß von Amper und Isar wohnt. Isareck, bereits 1253 urkundlich erwähnt, hat im Lauf der Geschichte viel von seiner ursprünglichen Pracht eingebüßt. So berichtet Matthäus Merian in seiner »Topographia Germaniae«, daß »die Schweden unnd Frantzosen Ann. 1648 Isareck eingenommen, die Kayserischen aber wiederbekommen, . . . obwohl schon vorher solches Schloß von ihnen eingeäschert worden ist.« Der Niedergang setzte sich Stück für Stück fort, so daß bei der Übernahme durch den Grafen La Rosée nur mehr ruinenhafte Seitentrakte standen. Vor kurzem nun sind die verbliebenen Gebäudeteile vorbildlich restauriert worden, so daß sie wieder einen Lichtstrahl auf die vergangene Pracht zu werfen vermögen und einen würdigen Abschluß für unsere kleine Schlösserfahrt bieten.
Wer nun so viele architektonische Zeugnisse vergangener Herrschaftsgeschichte an sich vorüberziehen sah, wird sich fragen, welche Rolle ihre adeligen Bewohner im Leben der Menschen des Amperraumes spielten. Bis in die dunklen Tiefen der späten Karolingerzeit führen die Spuren jenes Entwicklungsprozesses, der auch in Bayern eine dünne Schicht von adeligen oder geistlichen Landbesitzern hervorgebracht hatte, die über den größten Teil der landwirtschaftlich nutzbaren Flächen des alten Herzogtums verfügte. Nach dem uralten, aber immer seltener werdenden bajuwarischen Volksadel waren im Mittelalter Funktionsträger aus Militär, Verwaltung und Gerichtsbarkeit in die Großgrundbesitzerschaft hineingewachsen, ebenso die Vögte, Äbte und Bischöfe der katholischen Kirche. Die Bearbeitung der umfangreichen, mitunter riesigen Ländereien überließen sie gegen Abgaben und Dienste hörigen Bauern, den »Hintersassen« oder »Grundholden«. Dieses System der Grundherrschaft, in dem die überwiegende Mehrzahl der Bauern nur die Nutzungseigentümer ihrer Höfe waren, blieb in Bayern bis 1848 erhalten, wenngleich es sich durch verschiedene wirtschaftliche und politische Entwicklungen schon seit dem Beginn des 19. Jahrhunderts mehr und mehr relativiert hatte.
Da der hörige Bauer also in der Regel nur das Nutzungsrecht (»dominium utile«) über seinen Hof besaß, mußte er den eigentlichen Grundherren an seinen Einkünften teilhaben lassen. Der Grundzins wurde alljährlich in Naturalien (»Stift«) oder Geldleistungen (»Gilt«) beglichen und betrug zwischen zwanzig und vierzig Prozent des bäuerlichen Ertrages. Darüber hinaus mußte ein Zehntel des mühsam erwirtschafteten Getreideertrages als »Großer Zehnt«, ein Zehntel von Gemüse und Obst, von Beeren, Hopfen und Heu als »Toter Zehnt« sowie ein Zehntel allen Schlachtfleisches als »Blutzehnt« abgeliefert werden. Ursprünglich hatte man diese Zehntzahlungen aus der Bibel abgeleitet und der Kirche zukommen lassen, damit diese die Armen des Dorfes, aber

auch ihre Priester versorge, doch im Laute der Jahrhunderte bemächtigten sich mehr und mehr die Grundherren der willkommenen Einnahmequelle. Zusätzlich zu den regelmäßig fälligen Abgaben wurde vom Grundbesitzer im Falle eines Besitzwechsels ein »Laudemium« erhoben (bis zu zehn Prozent des Hofwertes) und das von den Bauern gemeinsam als Weidefläche genutzte Ödland (»Allmende«) besteuert. Über die Abgaben hinaus umfaßte die Verpflichtung der abhängigen Bauern auch körperliche Arbeitsleistungen (»Fron«, »Dienst« oder »Scharwerk« genannt) auf dem Hof des Grundherrn, die als besonders drückend empfunden wurden. Gerade zur Erntezeit, in der jede Bauernfamilie mit der eigenen Arbeit ohnehin schon bis an die Grenzen des Möglichen belastet war, mußten auf dem herrschaftlichen »Salhof« zusätzliche Erntedienste verrichtet werden, im Herbst standen Treiberdienste und Jagdfronen an und im Winter hatte der Bauer Fuhrwerk und Arbeitskräfte für schwere Holzarbeit zur Verfügung zu stellen. Weitere Frondienste, die insgesamt zwischen einer und vier Wochen im Jahr ausmachen konnten, bestanden in Wegebau, Salz- und Mistfahren, Mähen, Schneiden, Dreschen, Hopfenzupfen, Flachsbrechen, Spinnen und in vielem anderen mehr. Obwohl Abgaben und Dienste meist in ein Verzeichnis, dem sogenannten »Urbar«, eingetragen wurden, war ihr Umfang oft genug Ursache erbitterten Streites – denn die allermeisten Bauern waren des Lesens und Schreibens unkundig und der grundherrlichen Manipulation war daher Tür und Tor geöffnet. Anderswo hatten im Gefolge der Reformation solche Streitigkeiten ganze Bauernkriege entfacht. Nicht so im Dachauer Land, wo

Schloß Haindlfing

die Grundherren alles in allem ein maßvolles Regiment führten – die Wittelsbacherlandesherrn freilich auch blitzschnell mit Kerker und Schwert bereitstanden, wenn dennoch ein Aufruhr drohte.
Auch wenn all diese Lasten nur an Grund und Boden hingen und der Grundhold persönlich frei geblieben war, so bestand daneben dennoch die alte Leibherrschaft fort. Freilich hatte sie schon in der frühen Neuzeit Bayerns ihre praktische Bedeutung verloren. Nur beim Heiraten hatte der »Eigenmann« die Genehmigung der Herrschaft noch einzuholen, während bei seinem Tod die Hinterbliebenen das beste Stück Vieh (»Besthaupt«) an den Herrn abtreten mußten (»Todfallabgabe«). Jene krasse Formen von Leibeigenschaft, bei der der abhängige Bauer nur als Sachwert angesehen und dementsprechend behandelt wurde, waren in Altbayern hingegen nahezu unbekannt. Natürlich kannte schon in vergangenen Jahrhunderten jede Regel ihre Ausnahme: so gab es zu allen Zeiten auch freie Bauern mit eigenem, unbelastetem Besitz. Ihre Zahl blieb jedoch gering und dürfte gerade im Amperland kaum je über fünf Prozent betragen haben. Die meisten dieser Höfe waren kleine Sölden – freie Vollbauernhöfe gab es noch seltener. Sie waren in der Regel dadurch entstanden, daß ehemals adelige Hofmarksherren durch Mißwirtschaft sich gezwungen sahen, ihre Güter selber zu bewirtschaften.
Natürlich waren den geistlichen und weltlichen Grundherren auch Verpflichtungen gegenüber ihren Hörigen zugemessen. So streckte das Stift bei Mißernten oder Naturkatastrophen aus seinen Vorräten den Bauern Nahrungsmittel und Saatgut vor, gewährte zinslose Kredite und ließ für Jahre die

Schloß Inkofen

Abgaben nach. Gerade am Zusammenfluß von Amper und Isar, im Gebiet der Herren von Isareck mag dies immer wieder notwendig geworden sein, berichtet doch Adrian von Riedl in seinem »Strom-Atlas von Baiern«:
»Wenn die Ammer, die bey Isareck in die Isar fällt, durch Regengüsse eher als die Isar anschwillt, und so die Isar übermächtiget, werden alle Auen an der Isar auf eine Weite von 3000 bis 4000 Schuhe unter Wasser gesetzt. Kommt aber das Hochwasser der Isar eher, als jenes der Ammer, so steht die ganze Ammergegend bis gegen Zolling hin unter Wasser. Noch ärger ist es, wenn auf beyden Flüssen die Hochgewasser zusammentreffen. Doch den höchsten Grad erreicht das Uebel, wenn auch noch die Semt hoch aufschwillet, und mit ihrer Wassermenge, die sie aus den bergichten Gegenden zusammen sammelt, in die Isar fällt, welches gewöhnlich zu jenen Zeiten geschieht, wo lange andauernde Regen einfallen . . . Solange nicht die Ammer, die beynahe im senkrechten Winkel in die Isar fällt, bey ihrer Einmündung durch einen Kanal schief in die Isar geleitet wird, solange nicht der Semt, die sehr viele Mühlwerke betreibt, eine mehr gerade Richtung verschaffet und ihr auch rechtwinkliger Einlauf in die Isar geändert wird . . ., solange wird in dieser Gegend nie den Verheerungen der so großen und vielen Überschwemmungen für je und allezeit mit entsprechendem Erfolge vorgebeuget seyn! Diese Vorschläge sind zwar schon oft gemacht worden, nie aber in Ausführung gekommen. Nicht gehörige Mitwirkung, Streitigkeiten, Besorglichkeit größerer Kosten mancherley Veränderung und Kriegsvorfälle haben immer wieder verschieden dagegen eingewirket.«

Wallfahrten im Freisinger Ampergebiet

Zu allen Zeiten prägte die Nähe der »Geistlichen Stadt« Freising das religiöse Leben der näheren und weiteren Umgebung. Besonderen Ausdruck fand diese Ausstrahlung in der Fülle von Gnadenstätten, Wallfahrtsorten und Mirakelbildern, die, vor allem im Barock, im Freisinger Land entstanden sind. In Gruppen oder auch als Einzelwallfahrer wandten sich die geplagten Menschen mit ihren Sorgen an den verschiedensten heiligen Stätten an Christus, seine Mutter Maria und an die vielen Heiligen, um Trost und Hilfe zu erbeten. Hatten die Gläubigen tatsächlich Erhörung gefunden, schrieb der Wallfahrtsgeistliche diese »Guttaten« säuberlich in das Mirakelbuch ein. Trotz vieler Verluste haben sich etwa das »Kreuzbuch« von Wippenhausen und die »Miracula« von Thonstetten erhalten. Zum Dank ließen die Geheilten ihre Krücken und Prothesen am Gnadenort liegen, Votivgaben aus Eisen, Ketten und Hufeisen stiftete man in Tüntenhausen und Leonhardsbuch, wächserne Männlein, Frauen, Fatschenkinder, Köpfe, Gliedmaßen, Rinder, Kröten (als Gebärmuttersymbole), Pferde, Häuser und Kränze füllen ganze Schränke in der Wies bei Freising. Zur dankbaren Erinnerung hängten die Pilger dazu in den Wallfahrtskirchen gemalte Votivtafeln auf. An der Amper entlang finden sich folgende Wallfahrten:
Leonhardsbuch, Viehpatron St. Leonhard; Appercha, hl. Papst Sylvester; Weng, St. Georg; Oberberghausen, St. Clemens; Obermarchenbach, hl. Kreuz; Tüntenhausen, Viehpatron St. Eberhard; Maria Rast bei Langenbach, Gottesmutter Maria; Wies bei Freising, Gegeißelter Heiland; Thann, St. Ulrich; Aiterbach, Altöttinger Madonna; Moosburg, St. Kastulus, Theotokos.

Wallfahrtskirche St. Georg in Weng

Heute noch vielbesucht: die »Wies« bei Freising

Die meditative, ja emphatische Betrachtung des Leidensweges Jesu war ein Grundelement barocker Frömmigkeit. Überall tauchten in dieser Zeit Kalvarienberge und Kreuzwegstationen, Darstellungen der schmerzhaften Mutter Gottes und des gegeißelten Heilandes auf. Auf die Legende der weinenden Christusfigur von Steingaden, die letztendlich zum Bau der dortigen, berühmten Wieskirche geführt haben soll, wurde ja schon hingewiesen. Es wirft ein helles Licht auf die religiöse Erregung jener Zeit, daß nur kurz nach der Errichtung der Wieskirche im Pfaffenwinkel Kupferstiche und Glasbilder davon in ganz Bayern und darüber hinaus kursierten. So auch im Freisinger Land. Ein Bildchen, das Steingadener Gnadenbild darstellend, kam in die Hände des Freisinger Forstaufsehers Sylvester Hupfauf, der ein Kopie davon verfertigen ließ und diese 1745 auf einen Baum an der Straße von Freising nach Zolling aufhängte. Bald schon wurden dort Votivgaben und Opfer niedergelegt und Wallfahrten durchgeführt. Zunächst einsetzende Versuche der kirchlichen Obrigkeit, die Wallfahrt zu unterdrücken, vergrößerten nur die Pilgerscharen. Und so errichtete man mit kirchlichem Segen 1746 eine kleine Kapelle, die von einem Eremiten betreut wurde. Die Opfergaben aber flossen so reichlich, daß schon ein Jahr darauf mit dem Bau einer dauerhaften Wallfahrtskirche begonnen werden konnte, dem Grundstock des heutigen Gotteshauses. Die Wieskirche lag ursprünglich mitten im Wald an der alten Straße von Freising nach Regensburg. Erst nach 1855 wurde der Wald an der Südseite gerodet. Nachdem im Gefolge der Säkularisation die Wallfahrt fast zum Erliegen gekommen war, übertrug man 1903 die Wieskuratie dem Orden der Augustinereremiten, der sie mit neuem Leben und zeitgemäßen Frömmigkeitsformen erfüllte. Diese Mönche waren bis 1954 an der Wies, dann wurde das Kloster in eine Dorfhelferinnenschule umgewandelt. Weltgeistliche versehen seither die Wallfahrtsseelsorge. Obwohl heute noch eine große Zahl von Devotionalien in der Kirche zu sehen ist, ist dies nur ein kleiner Teil dessen, was einst das Gotteshaus füllte. Volkskunst, voll von naiver, vielleicht gerade deshalb zeitloser Ausdruckskraft.

Die Wieskirche nördlich von Freising

Fromme Mönche und wilde Bestien in Moosburg

Drohend erhebt der auf zwei warzigen Vogelfüßen stehende Drache sein Haupt, preßt krampfhaft die glühenden Augen aus den Höhlen und entläßt aus seinem Rachen einen markerschütternden, imaginären Todesschrei. Hundeartige Fabelwesen scheinen sich dem dämonischen Heulen anzuschließen, während ein spitzschnabeliges Rabenvieh eifersüchtig sein Nest bewacht und die Vogelmenschen gräßliche Grimassen schneiden. Hinter dunklen Ritzen lauern satanische Wesen, halb Mensch, halb Tier, am wenigsten furchterregend noch die anmutige, mit eitlem Wams und Krönchen geschmückte Fischfrau, die sich auf ihre zwei schuppigen Fischschwänze niedergelassen hat und unbewegt dem dämonischen Spektakel beiwohnt.

Nicht im Panoptikum des hiesigen Volksfestes findet sich der erschaudernde Betrachter wieder, sondern im altehrwürdigen, dem unter Diokletian zu Tode gefolterten römischen Märtyrer St. Kastulus geweihten Münster zu Moosburg. Inmitten dieser höllischen Szenerie verrichteten viele Jahre lang Chorherren ihre Gebete und Psalmgesänge, denn das Bestiarium ist Bestandteil des großartigen Chorgestühls, das um 1475 ein unbekannter Meister der Spätgotik schuf. Gerade die Religiosität des ausklingenden Mittelalters war zutiefst geprägt von Dämonenglauben und Hexenspuk, noch der Reformator Martin Luther war tief darin verwurzelt. Umgeben von den Anfeindungen der Unterwelt mochte das Gebet des frommen Mönches noch demütiger, mochten seine Blicke hinauf zum Kruzifix noch flehender geworden sein.

Die Enträtselung der vielfältigen Anspielungen und Symbolgehalte innerhalb des Szenariums fällt uns Heutigen schwer, einen Schlüssel dazu mag vielleicht der »Physiologus« bieten, eine frühchristliche Schrift, die Tier- und Pflanzendarstellungen einer allegorisch-theologischen Deutung unterwirft. Der »Physiologus« übte bei der Entstehung mittelalterlicher Bestiarien einen großen Einfluß aus und fand später in Drucken und Holzschnitten große Verbreitung. Im Sinne dieser Deuteschrift könnte man in dem Phantasievogel am Ende des Moosburger Gestühls Phönix erkennen, der seine Eier allein durch die Wärme seines Blickes ausbrütet. Schon früh war Phönix, wie auch der Pelikan, ein Sinnbild für den Opfertod Christi. Das Tier mit den beiden Jungen vor sich stellt dementsprechend einen Löwen dar, der nach dreitägigem Brüllen seine totgeborenen Jungen zum Leben erweckt. Dies wurde als Sinnbild für die dreitägige Grabesruhe des Gekreuzigten gedeutet. Das schon erwähnte Fischweibchen hingegen stellt eine Sirene dar und ist nach mittelalterlicher Auffassung Ausdruck von Unzucht und Genußsucht.

Chorgestühle gehörten seit alters her zum Grundmobiliar größerer Kirchen, nach und nach wurden sie immer prachtvoller ausgestaltet, eine Entwicklung, die im Barock ihren Höhepunkt fand. Chorherren, Mönche und Weltklerus nahmen darin während der Gottesdienste Platz. Die Phantasie des Bildhauers konnte am ehesten an den Rückwänden (Dorsalen), den seitlichen Armstützen (Wangen) und am Baldachin ansetzen. Das Moosburger Chorgestühl aus dem Jahr 1475 ist sicherlich von den etwas früher entstandenen Vorläufern in Augsburg, Ulm und Konstanz beeinflußt, steht diesen in seiner plastischen Ausdruckskraft aber in nichts nach. Da es bekanntlich erst in der Renaissance üblich wurde, nicht nur dem Kunsthandwerk, sondern auch dem Künstler selbst Beachtung zu schenken, verwundert es nicht, wenn uns der Schöpfer des Moosburger Schnitzwerkes unbekannt ist. Sein Antlitz aber hat er (vielleicht) verewigt, man vermutet es in dem Männerkopf mit Kopftuch zwischen dem Blattrankenwerk des südlichen Gestühlblockes.

Spätgotisches Chorgestühl des Moosburger Münsters

Hans Leinbergers berühmter Hochaltar

Aller Kuriosität zum Trotz wird das Chorgestühl in seiner kunstgeschichtlichen Bedeutsamkeit zweifellos übertroffen von dem nur wenige Meter entfernten Hochaltar aus der Hand des genialen Landshuter Bildschnitzers Hans Leinberger. »Das helle Fließen um den aufrauschenden Hochaltar vorne im Chor, Licht, das sich fängt an den blaßroten Gesichtern der Schnitzfiguren, den Faltenstegen der vergoldeten Gewänder, den Kanten und Ecken der Baldachine. Es ist einer der gewaltigsten Altäre der deutschen Spätgotik!« rühmte Benno Hubensteiner, der Münchner Kirchenhistoriker das Meisterstück. Der filigrane Schreinaltar aus Lindenholz entstand um das Jahr 1514. Um die zentrale Marienskulptur und den Gekreuzigten sind dreiundzwanzig weitere Figuren der christlichen Heilsgeschichte postiert und in mystische Beziehung zueinander gebracht. Die zentrale Gottesmutter im Goldmantel, flankiert vom Kirchenpatron Kastulus und Stiftgründer Heinrich dem Heiligen, unterscheidet sich wesentlich von üblichen Mariendarstellungen. Geheimnisvoll die byzantinisch-ikonenhaften Komponenten der Schultersterne, der Quasten und Fransen am netzartigen geknoteten Wollgestrick der Ärmel, der Kopftuchbordüre mit dem Text »Maria Gottesgebererin«. Gottesgebärerin, lateinisch Deigenetrix, griechisch Theotokos, ist die frühchristliche, in der morgenländischen Kirche seit dem Konzil von Ephesos im Jahr 431 üblich gewordene offizielle Bezeichnung für die Muttergottes. Leinberger stellte sie in Moosburg

Leinbergers Hochaltar in St. Kastulus, Moosburg

so ins Altarzentrum, wie es byzantinischer Bildgesetzmäßigkeit entsprach. Was kunstgeschichtlich hierzulande verwundern mag, theologisch ist es folgerichtig: Zu Moosburg gehörte ein Theotokos-Patrozinium, keine gewöhnliche Marienschutzherrschaft, was heute noch in griechischer Schrift im Tympanon des romanischen Portals vermerkt ist.
Leinberger geht in seinem Werk bis an die Grenzen des zu seiner Zeit Vertretbaren: besonders bei den männlichen Heiligen mit ihrem ausgeprägten Stand- und Spielbein, ihren individuellen Gesichtszügen und ihren wild-bewegten, faltigen Gewändern wird bereits der erste, zu Leinbergers Zeiten wohl noch als avantgardistisch verschriene Einfluß der italienischen Renaissance spürbar. Von den Schnitzaltären aus der Hand Leinbergers ist der in der Moosburger Kastuluskirche der einzige erhaltengebliebene. Wegen der vielbeklagten Verlegung der Stiftswürde nach St. Martin in Landshut entfiel aus Mangel an finanziellen Mitteln jede Barockisierung des Gotteshauses, ganz im Gegensatz zur benachbarten Johanniskirche, in der man den Leinberger-Altar beseitigte und durch einen Barockaltar ersetzte. Hans Leinberger war zwar Niederbayer, seine Arbeit atmet den Geist der Landshuter Schule, er hat aber doch in Oberbayern seine bedeutendsten Werke hinterlassen. Seine Zeit gilt uns heute als Blütezeit der Kunst. Er war Zeitgenosse Dürers und Altdorfers, als er in Moosburg arbeitete, entstand im fernen Elsaß aus der Hand Matthias Grünewalds der berühmte Isenheimer Altar. Werke Leinbergers findet man heute in der Münchner Frauenkirche, in der Stiftskirche Polling bei Weilheim und in der Erdinger Johanneskirche. In der Pracht ihrer spätgotischen Ausstattung ist die ehemalige Stiftskirche Moosburg nur noch mit der Martinskirche in Landshut, der Hauptkirche Niederbayerns vergleichbar. Dennoch war gerade der Leinberger-Altar in Moosburg lange Zeit in Vergessenheit geraten. Das mag zum einen an der Person des Künstlers selbst gelegen haben, über dessen Biographie so gut wie nichts überliefert ist, zum anderen aber auch der grundsätzlichen Fehleinschätzung mittelalterlicher Kunst, die bis weit in das 19. Jahrhundert hinein als barbarisch und rückständig verpönt war. Als Wiederentdecker des Moosburger Schmuckstückes mag der Freisinger Kunstgeschichtsprofessor Joachim Sighart gelten, der im Jahr 1859 eine kleine Kunstgeschichte dieses Raumes verfaßte und darin erstmals wieder »auf eines der lieblichsten, reichsten Altarbauten der Gotik« hinwies, das er je gesehen habe. Zu diesem Zeitpunkt aber war der Name des genialen Künstlers noch nicht wieder bekannt. Erst intensive Archivarbeiten des 20. Jahrhunderts (allen voran die 1942 erschienene Monographie von Georg Lill) sollten Stück für Stück auf die Persönlichkeit Leinbergers hindeuten, dessen Name heute in einem Atemzug mit Veit Stoß, Tilman Riemenschneider und Lucas Cranach genannt werden muß.

Das romanische Westportal

Wer nach so viel geistlicher Kunstgeschichte das ehrwürdige Münster verläßt, sollte es nicht versäumen, das zumeist verschlossene Westportal und damit den dritten ästhetischen Höhepunkt des Heiligtums aufzusuchen. Seit etwa 1200 entwickelte sich auch auf bayerischem Boden das Bedürfnis, die vordem eher schlichten Portale romanischer Bauwerke mit mehr dekorativer Bauplastik zu bereichern. Eine der schönsten Schöpfungen dieser Hochblüte mittelalterlicher Steinmetzkunst ist das Westportal des Moosburger Münsters. Um 1212 muß es entstanden sein, das nötige Sandsteinmaterial bezog man aus der Donaugegend. Als Vorbild mag denn auch das Portal von Regensburg gelten, das wenige Jahre davor gemeißelt worden war. Der bogenüberspannte Tympanon wird in Moosburg geprägt von fünf erstaunlich ausdrucksstarken Figuren: in der Mitte der segnende Christus, flankiert von Maria und dem Kirchenpatron Kastulus. Außen huldigen kniend Kaiser Heinrich II. und Bischof Adalbert, der ein Modell des Münsters in Händen hält. Von besonderer Originalität sind auch die Figuren in den seitlichen Rahmenpfeilern des Portals. Das linke Relief zeigt die knienden Gestalten einer Tänzerin und eines Flötenspielers, dazwischen zwei an einer Frucht pickende Vögel. Auf der rechten Seite wird ein bärtiger Mann mit Schlüsselbund erkennbar, vielleicht der Küster des Gotteshauses.
Moosburg kann wohl mit Recht als die älteste Stadt Oberbayerns bezeichnet werden, in ganz Altbaiern kann nur noch Regensburg

auf eine längere Geschichte zurückblicken. Und auch das Münster, das heute von alten Bürgerhäusern umgeben ist und als katholische Pfarrkirche dient, hat eine lange Tradition. Bereits am Ende des 8. Jahrhunderts stand an seiner Stelle eine der bedeutendsten bayerischen Benediktinerabteien, die aus einer kleinen, um 750 gegründeten Klosterzelle hervorgegangen war. Eine um 800 erworbene Reliquie des heiligen Kastulus hatte zu einer großen Wallfahrt geführt, Freisinger Bischöfe residierten als Pröpste in der Amperstadt. Doch das allgemeine Klostersterben des 10. Jahrhunderts machte auch vor Moosburg nicht halt. Lange Zeit kümmerte das geistliche Leben in den Klostermauern dahin, ehe 1021 die Umwandlung in ein Chorherrenstift eine erneute Blütezeit einläutete. 1170 schließlich ging man an den Bau des großen, romanischen Münsters, das im wesentlichen bis heute erhalten ist. Einig war man sich in Moosburg, daß man es mit der neuen Kirche dem hohen Dom zu Freising möglichst gleichtun wollte und so gilt heute das Moosburger Münster als eines der beeindruckendsten Zeugnisse romanischer Baukunst nördlich der Alpen.

Luftaufnahme von Moosburg

Die Amper mündet in die Isar

Der Zusammenfluß bei Isareck

In Moosburg sind wir fast am Ende unserer kulturhistorischen Flußwanderung angelangt. Nur einige wenige Kilometer begleiten wir die Amper noch durch Auwälder und sumpfige Wiesen, ehe sie tief unter dem bereits erwähnten, derzeit in neuer Pracht erstrahlenden Landsitz Isareck in ihre größere, viel bekanntere Schwester, die Isar, mündet. Es ist ein ungleiches Geschwisterpaar, das sich hier zusammengesellt, nicht nur von der Menge der Wassermassen her! Die Amper, moosgrün und versonnen von Westen her kommend, das glasklare Isarwasser von Süden, rauschend, ungestüm und trotz aller Verbauungen immer noch den stolzen Charakter eines Gebirgsflusses tragend. Daß dieser Zusammenfluß niemals reibungslos vonstatten ging, daß immer wieder verheerende Hochwasser und Überflutungen von dieser Stelle her ihren Ausgang nahmen, hat uns ja schon Adrian von Riedl drastisch vor Augen geführt.

Haben Flüsse einen eigenen Charakter, eine Seele? Im Blick auf betonierte Flußbetten, auf Begradigungen und Verbauungen lächeln wir über solche Vorstellungen. Unseren Vorfahren war dieser Gedanke nicht fremd. Mythen und Sagen ranken sich seit jeher um die Wasserläufe, die als Heimstätte von Dämonen, Nixen und Druden galten. Vielleicht liegt es daran, daß der Lauf eines Gewässers ein treffendes Symbol des menschlichen Lebensweges darstellt. Flüsse werden geboren, klein und unscheinbar, vergrößern sich in tausend Windungen, nähren sich aus fremden Quellen und Bächen, reifen schließlich zu trägen, tiefen Strömen heran, ehe sie an der Mündung ihre eigene Identität verlieren und aufgehen in einer größeren, umfassenderen Wirklichkeit. Flüsse sind aber auch Symbole der Vergänglichkeit. »Alles fließt« sinnierte schon der griechische Philosoph Heraklit vor zweitausend Jahren und folgerte daraus: »Du kannst deinen Fuß nicht zweimal in denselben Fluß stecken.« Bei Isareck, wo sich die beiden Flüsse tief in den Boden eingegraben haben und mit Gurgeln und Rauschen ihrer Vereinigung entgegenfließen, kommen einem unwillkürlich derlei Gedanken. Wieviele Menschen der verschiedensten Jahrhunderte mögen schon an dieser Stelle gestanden und ähnliches gedacht haben? Die Generationen kommen und gehen, der Fluß aber folgt seiner Bestimmung. Für mich hat das etwas Tröstliches an sich.

Schloß Isareck markiert die Mündung der Amper

Ait
Glonn
Kra
Jarzt
Ottershausen
Bergkirchen
Dachau
Geiselbullach
Graßlfing
Fürstenfeldbruck
Amper
Grafrath
Würm
München
Greifenberg
C.V.'91